जय भारत जय भारता

भारत महिमा

(ओज भरे घनाक्षरी छंद)

रचनाकार
ठाकुर प्रसाद द्विवेदी
असोथर फतेहपुर उ.प्र.

प्रकाशक
नोशन प्रेस मीडिया प्राइवेट लिमिटेड
चेन्नई

प्रथम संस्करण

संवत २०८०

रचनाकार -

ठाकुर प्रसाद द्विवेदी
असोथर फतेहपुर उ.प्र.
पिनकोड - 212620

Thakur Prasad Dwivedi

Asothar Fatehpur (U.P.)

Pincode -212620

संपर्क सूत्र

Mob- 9871362005

Email – thakurprasad.dwivedi@gmail.com

प्रकाशक
नोशन प्रेस मीडिया प्राइवेट लिमिटेड
चेन्नई

भूमिका

"जननी जन्मभूमिश्च स्वर्गादपि गरीयसी" अर्थात जननी और जन्मभूमि का स्थान स्वर्ग से भी ऊपर है। इसी शाश्वत सत्य, राष्ट्रभक्ति की पावन भावना और अपनी मिट्टी के प्रति अगाध श्रद्धा को शब्दों में पिरोने का एक विनम्र प्रयास है यह काव्य-संग्रह— 'भारत महिमा'। यह पुस्तक केवल कविताओं या अध्यायों का संकलन मात्र नहीं है, बल्कि यह हमारे देश की सनातन संस्कृति, इसके गौरवशाली इतिहास, वर्तमान की गंभीर चुनौतियों और उज्ज्वल भविष्य के संकल्पों का एक सजीव शब्द-चित्र है। जब देश की सीमाएं, संस्कृति और विचार संकट में हों, तब साहित्य का यह दायित्व बनता है कि वह समाज को जगाए। इसी उत्तरदायित्व का निर्वहन करने के लिए इस पुस्तक को कुल आठ अध्यायों के एक वैचारिक ताने-बाने में बुना गया है, जो पाठक को भक्ति, शौर्य, आत्मचिंतन और अंततः राष्ट्र-निर्माण की एक महान यात्रा पर ले जाता है।

इस पुस्तकीय यात्रा का मंगलाचरण अत्यंत पवित्र और पारमार्थिक है। किसी भी शुभ कार्य की सिद्धि के लिए ईश्वर की अनुकम्पा अनिवार्य होती है। इसीलिए पुस्तक का प्रारंभ 'शारदे वंदन' से होता है, जिसमें विद्या की देवी माँ सरस्वती और सृष्टि के पालनहार भगवान विष्णु की भावपूर्ण स्तुति की गई है। इस वंदना का मुख्य ध्येय यही है कि बुद्धि और आत्मिक शक्ति का आशीर्वाद पाकर यह लेखनी निरंतर राष्ट्रहित में चलती रहे। इस आध्यात्मिक चेतना के तुरंत बाद पाठक का साक्षात्कार देश के वृहद स्वरूप से होता है। अगले अध्याय 'मेरा भारत महान' में भारत भूमि के अनुपम प्राकृतिक सौंदर्य, इसके ऋषियों-मुनियों के ज्ञान और इसके वैश्विक गौरव का गान किया गया है। यह

अध्याय पाठक के मन में यह स्वाभिमान जगाता है कि हम दुनिया के सबसे प्राचीन और समृद्ध देश के निवासी हैं।

भारत की यह महानता यूँ ही अक्षुण्ण नहीं रही, बल्कि इसे हमारे पूर्वजों ने अपने तपोबल और रक्त से सींचा है। पुस्तक का तीसरा खंड 'भारत के रत्न' उन्हीं अमर विभूतियों को समर्पित है जिन्होंने इतिहास की धारा को मोड़ा। इस अध्याय में वीर शिरोमणि महाराणा प्रताप और छत्रपति शिवाजी महाराज के अदम्य शौर्य, रामकृष्ण परमहंस की युग-प्रवर्तक साधना, संत रविदास की सामाजिक समरसता और गुरु तेग बहादुर जी के सर्वोच्च धर्म-बलिदान के प्रति कृतज्ञता व्यक्त की गई है। इन महापुरुषों का जीवन हमारे लिए वह प्रकाश-स्तंभ है, जो आज की पीढ़ी को भटकाव से बचाकर सही राह दिखा सकता है। इनके आदर्शों को समझे बिना हम एक सुदृढ़ राष्ट्र की कल्पना नहीं कर सकते।

राष्ट्र की रक्षा केवल अतीत के गौरवगान से नहीं होती, बल्कि वर्तमान की सजगता से होती है। इसीलिए पुस्तक का अगला हिस्सा एक तरफ जहाँ देश की सीमाओं पर अपने प्राण न्यौछावर करने वाले अमर शहीदों के चरणों में श्रद्धासुमन अर्पित करता है, वहीं दूसरी तरफ समाज के भीतर छिपे उन गद्दारों और देशद्रोहियों पर कड़ा प्रहार करता है, जो इस पवित्र धरती का अन्न खाकर भी इसी के साथ विश्वासघात करते हैं। काव्य की भाषा यहाँ आकर तीखी और न्यायप्रिय हो जाती है, जहाँ इन देशद्रोहियों को खुले शब्दों में दुत्कार आ गया है। इसके तुरंत बाद, लेखनी सीमाओं पर आंख दिखाने वाले बाहरी दुश्मनों को भी पूरी निर्भीकता के साथ ललकारती है, जिससे पाठक की धमनियों में राष्ट्र-रक्षक शौर्य का संचार होता है।

परंतु, यह पुस्तक केवल युद्ध और हुंकार की बात नहीं करती, बल्कि यह अत्यंत संवेदनशील भी है। 'धरती की व्यथा' अध्याय में युद्धों की विभीषिका, हिंसा और अशांति से त्रस्त होकर हमारी धरती माँ जिस असहनीय पीड़ा और मर्मस्पर्शी वेदना से गुज़रती है, उसे बहुत ही भावुकता के साथ उकेरा गया है। यह अध्याय हमें याद दिलाता है कि युद्ध अंतिम विकल्प हो सकता है, सुखद गंतव्य नहीं, और धरती की पुकार को सुनना हर मानव का कर्तव्य है।

इस पूरी वैचारिक और भावनात्मक यात्रा का समापन एक अत्यंत दृढ़ और पवित्र 'संकल्प' के साथ होता है। यह अंतिम अध्याय पुस्तक का प्राण है, जहाँ हम सब मिलकर यह प्रतिज्ञा लेते हैं कि हम आंतरिक और बाहरी दुश्मनों का समूल नाश करेंगे। हम अपनी सनातन संस्कृति, मर्यादा पुरुषोत्तम प्रभु श्री राम, योगेश्वर श्री कृष्ण और अपने महान पुरुषों के दिखाए मार्ग पर चलने का अटूट संकल्प लेते हैं। यह अध्याय एक सामूहिक आह्वान है—एक साथ मिलकर आगे बढ़ने का, अपनी और अपने देश की निरंतर तरक्की करने का, और हर परिस्थिति में आपसी एकता को बनाए रखने का।

'भारत महिमा' के माध्यम से मेरा यह लघु प्रयास तभी सार्थक होगा, जब इन पंक्तियों को पढ़कर हमारी नई पीढ़ी अपनी जड़ों की ओर लौटेगी, अपने धर्म और संस्कृति को पहचानेगी और यह समझेगी कि राष्ट्र की रक्षा और उन्नति ही हमारा सर्वोपरि धर्म है। आइए, हम सब इस वैचारिक यज्ञ में अपनी आहुति दें और एक सशक्त, समृद्ध व संस्कारी भारत के निर्माण का संकल्प लें।

समर्पण

जीवन की इस यात्रा में मुझे जो भी चेतना और शब्द मिले हैं, वे सब पूज्य माताजी एवं पिताजी की ही देन हैं। इस विचार यात्रा की नींव रखने वाले, मुझे जीवन का पहला अक्षर सिखाने वाले और मेरे भीतर संस्कारों का सिंचन करने वाले अपने परम पूजनीय माता-पिता के चरणों में मैं इस 'भारत महिमा' नामक कृति को अत्यंत श्रद्धा के साथ अर्पित करता हूँ। पिता के रूप में मुझे वह संबल मिला जिसने हमेशा सत्य के मार्ग पर अडिग रहना सिखाया, और माता के रूप में वह करुणा मिली जिसने मुझे अपनी संस्कृति और गौरवशाली अतीत के प्रति अगाध प्रेम से भर दिया। यदि उनके द्वारा दिए गए यह संस्कार मेरे भीतर न होते, तो भारत की सनातन महिमा और इसके आध्यात्मिक वैभव को समझने की वह सूक्ष्म दृष्टि मुझे कभी प्राप्त नहीं होती जो इस लेखन का आधार बनी है। उनके अनवरत त्याग, तपस्या और मेरे प्रति उनके अटूट विश्वास के ऋण से मैं जीवन के किसी भी मोड़ पर कभी उऋण नहीं हो सकता। यह समर्पण उनके निश्छल वात्सल्य और पावन आशीर्वाद के प्रति मेरी एक लघु कृतज्ञता मात्र है। उनके चरणों की धूलि ही मेरे जीवन का सबसे बड़ा मार्गदर्शक प्रकाश रही है।

इस चराचर जगत के नियंता, सृष्टि के पालनकर्ता मेरे आराध्य भगवान श्रीहरि विष्णु एवं कल्याणकारी देवाधिदेव महादेव भगवान शिव (शंकर जी) के चरणों में साष्टांग दंडवत करते हुए, मैं इस कृति को उनकी दिव्य चेतना के सम्मुख निवेदित करता हूँ। भारत की पावन भूमि आदिकाल से ही प्रभु विष्णु के अवतारों की लीला-स्थली और महादेव की पावन तप-स्थली रही है। भगवान विष्णु की वह महान कल्याणकारी परंपरा, जो धर्म की स्थापना और जगत के संरक्षण का संदेश देती है, तथा भगवान शंकर का वह वैराग्य और त्याग, जिसने इस राष्ट्र को सदा आत्मज्ञान का मार्ग दिखाया, मेरी इस लेखनी

की वास्तविक ऊर्जा हैं। प्रभु विष्णु और शिव की यही संयुक्त कृपा इस देश की आत्मा में समाहित है। ईश्वरीय सत्ता के स्मरण के साथ ही, यह कृति उन सभी दिव्य विभूतियों, ऋषि-तुल्य संतों और मनीषियों को सादर समर्पित है, जिन्होंने इस धरा पर जन्म लेकर मानवता को सदाचार का मार्ग दिखाया। भारत का असली गौरव यहाँ के संतों और दार्शनिकों के लोक-कल्याणकारी दृष्टिकोण में ही बसता है। इसके साथ ही, मैं इसे अपने उन सभी श्रद्धेय गुरुजनों और पथ-प्रदर्शकों के चरणों में अर्पित करता हूँ, जिन्होंने समय-समय पर मेरा मार्गदर्शन किया और मुझे ज्ञान के इस असीम सागर में उतरना सिखाया। उन्होंने मुझे इतिहास को निष्पक्ष रूप से देखने की विवेकपूर्ण दृष्टि और समाज के प्रति अपने कर्तव्यों का बोध कराया। लेखन के कठिन क्षणों में मेरे गुरुओं की सीख और उनके दिखाए आदर्शों ने हमेशा मेरा संशय दूर किया। यह संपूर्ण रचना गुरुओं द्वारा रोपे गए ज्ञान रूपी बीज का ही एक छोटा सा प्रतिफल है, जिसे मैं उनके चरणों में प्रणाम करते हुए अर्पित कर रहा हूँ।

अंत में, जिसके अन्न, जल और वायु से यह शरीर पोषित हो रहा है, तथा जिसके गौरवमयी इतिहास और पावन दर्शन से यह मन सदा गौरवान्वित रहता है, उस अखंड और परम वैभवशाली राष्ट्र 'भारतवर्ष' की वेदी पर मैं इस कृति को पूर्णतः समर्पित करता हूँ। 'भारत महिमा' इस पुण्यभूमि के उन कोटि-कोटि ज्ञात-अज्ञात राष्ट्रभक्तों, शूरवीरों और अमर क्रांतिकारियों के प्रति एक सच्ची श्रद्धांजलि है, जिन्होंने देश की अस्मिता को अक्षुण्ण रखने के लिए अपना सर्वस्व न्योछावर कर दिया। यह समर्पण विज्ञान, कला, अध्यात्म और साहित्य के क्षेत्र में भारत का मस्तक वैश्विक पटल पर सदैव ऊँचा रखने वाले हर उस व्यक्तित्व के लिए है जिसने इस माटी का कर्ज चुकाया। यह कृति इस पावन मिट्टी के प्रत्येक उस नागरिक और आने वाली उस युवा पीढ़ी को समर्पित है, जिसके कंधों पर इस महान देश के गौरव की रक्षा करने और इसे पुनः विश्वगुरु के सर्वोच्च आसन पर सुशोभित करने का महती उत्तरदायित्व है। हे भारत माता! तुम्हारा वैभव अमर रहे और तुम्हारी महिमा युगों-युगों तक संपूर्ण ब्रह्मांड में गूंजती रहे, इसी राष्ट्र-भाव के साथ यह प्रयास तुम्हारी पावन सेवा में सादर समर्पित है।

विषय सूची

भारत महिमा

अनुभाग-1

मंगलाचरण

(कुल छंद 12)

परिचय

भारतीय साहित्यिक वांग्मय और काव्य परंपरा में किसी भी नूतन ग्रंथ अथवा महाकाव्य की रचना के शुभारंभ पर 'मंगलाचरण' की सुदृढ़ एवं वैज्ञानिक परंपरा आदि काल से विद्यमान रही है। प्राचीन काल के महर्षियों से लेकर मध्यकाल और आधुनिक काल के कवियों ने इस मर्यादा का सदैव निष्ठापूर्वक निर्वहन किया है। इस सनातन परंपरा के मूल में मुख्य रूप से तीन दार्शनिक उद्देश्य समाहित होते हैं—ग्रंथ का आरंभ, उसका मध्य भाग तथा उसकी पूर्ण आहुति, तीनों ही बिना किसी व्यावहारिक अथवा वैचारिक विघ्न-बाधा के शुचिता के साथ संपन्न हो सकें।

'भारत महिमा' नामक इस काव्य संग्रह की वैचारिक और काव्यात्मक यात्रा का प्रारंभ भी इसी कालजयी साहित्यिक मर्यादा के अंतर्गत 'मंगलाचरण' से हो रहा है। कवि का यह स्पष्ट और सुदृढ़ दृष्टिकोण है कि जब विषय राष्ट्र जैसी परम चेतना और समष्टिगत गौरव से जुड़ा हो, तब लेखनी

को एक विशेष आत्मिक बल, वैचारिक स्पष्टता और आंतरिक शुचिता की आवश्यकता होती है। यह बौद्धिक सामर्थ्य और अंतःकरण की पवित्रता बिना उच्च आध्यात्मिक चेतना के संभव नहीं है। इसी वैचारिक अधिष्ठान को आधार बनाकर इस प्रथम अनुभाग की रचना की गई है।

इस खंड के अंतर्गत संकलित छंदों को दो प्रमुख आध्यात्मिक स्तंभों में विभाजित किया गया है। अनुभाग के प्रथम भाग में ज्ञान, बुद्धि, विवेक, शब्द और अभिव्यक्ति की अधिष्ठात्री देवी माँ शारदे (सरस्वती) की स्तुति की गई है। किसी भी राष्ट्र-आराधक कवि के लिए वाणी ही उसका मुख्य माध्यम और ओज का स्रोत होती है। अक्षरों में सार्थकता, अर्थों में गंभीरता और छंदों में सत्य का वास तभी संभव है जब बुद्धि निर्मल हो। इसी क्रम में, अनुभाग के द्वितीय भाग में चराचर जगत के नियंता, संपूर्ण सृष्टि के पालनकर्ता और सनातन व्यवस्था के रक्षक भगवान श्री विष्णु के चरणों में पूर्ण निष्ठा के साथ स्तुति निबद्ध की गई है। विष्णु का स्वरूप लोक-कल्याण, मर्यादा और सातत्य का स्वरूप है, जो इस संपूर्ण सृष्टि को राष्ट्र के रूप में एक सूत्र में बांधे रखता है।

शिल्प की दृष्टि से, इन समस्त स्तुतियों को शास्त्रीय मर्यादा के अनुकूल 'घनाक्षरी छंद' के वर्णिक अनुशासन में पिरोया गया है। घनाक्षरी छंद अपने विशेष नाद-सौंदर्य, आंतरिक गति और लयात्मकता के लिए सर्वविदित है। कवि ने यहाँ किसी भी प्रकार की काल्पनिक अतिशयोक्ति अथवा आत्म-प्रशंसा से सर्वथा मुक्त रहकर, केवल उस मूल आध्यात्मिक भाव को पाठकों के सम्मुख रखने का प्रयास किया है जो अंतःकरण को जागृत करता है। यह अनुभाग पुस्तक के मुख्य राष्ट्र-परक विषय में प्रवेश करने से पूर्व पाठकों के मन को एकाग्र और वैचारिक रूप से तैयार करने के लिए एक आवश्यक वैचारिक सेतु के रूप में कार्य करता है।

मंगलाचरण

घनाक्षरी छन्द

1

भारती भरो प्रचुर कलापक्ष कविता में,
भावपक्ष भी यहाँ प्रधान होना चाहिये।
छन्द में सरसता का सिन्धु लहराये देवि,
आपकी कृपा से ये विधान होना चाहिये।
भारत की महिमा के छन्द मैं रचूँ सदैव,
महापुरुषों का गुणगान होना चाहिये।
शैली को सुधारों माँ सँवारो लेखनी को मम,
कहीं भी न कोई व्यवधान होना चाहिये।

2

शारदे के चरणों में अपना झुका के शीश,
विद्या-बल-बुद्धि और ज्ञान माँगता हूँ मैं।
देशद्रोहियों की क्षमता को करूँ छिन्न-भिन्न,
शुद्ध देशभक्ति स्वाभिमान माँगता हूँ मैं।
भरता रहूँ मैं ज्ञान भारत की महिमा का,
कर-जोड़ यही वरदान माँगता हूँ मैं।
वीर-बलिदानियों की आरती उतारने को,
भारती ये छंद का विधान माँगता हूँ मैं।

3

बलिदानियों की वीर-गाथा करूँ छंदबद्ध,
सैनिकों की महिमा के गीत ज्ञान गाऊँ मैं।
भारत की चंदन समान शुचि-शुद्ध-रज,
अपने ललाट पर शान से लगाऊँ मैं।
जीवन को पावन व सफल बनाने हेतु,
इसी धरती में बार-बार जन्म पाऊँ मैं।
करूँ सिद्ध-साधना भवानी-शारदे सतत,
आपकी-शरण-गह आपको मनाऊँ मैं।

4

कर दो निपुण सद्गुण-सद्भाव-युक्त,
सैनिकों की गाथा देवी छंद में उकेर दूँ।
भर दो प्रकाश उद्बोध लेख लेखनी में,
जिससे कुमति देशद्रोहियों की फेर दूँ।
आपकी कृपा से भरूँ सदा पद्य में प्रकाश,
वीर-रस-लसित विशेष-स्वर टेर दूँ।
भारत की वसुधा की सुखद-सुगंध-शुचि,
धरती-गगन लोक-लोक में बिखेर दूँ।

5

शक्ति देके लेखनी को कीजिये सबल देवि,
सदा सद्ज्ञान का प्रसार करता रहता रहूँ।
देशद्रोहियों की रीढ़ तोड़ता रहूँ सदैव,
कविता से उन पर वार करता रहूँ।
सुमति-प्रदायिनी सतत शुद्ध-साधना से,
मानस का अपने सुधार करता रहूँ।
कृपा कर भारती प्रदान करो ऐसा ज्ञान,
जीवन में बस उपकार करता रहूँ।

6

देशहित-हेतु उमगाने हर-हिय ज्ञान,
आया हूँ शरण देवि दया कर दीजिये।
कविता कला में दक्ष करने को उर स्वच्छ,
वीणावादिनी वरद-हस्त धर दीजिये।
धरमधुरी परम-पावन पुनीत-धरा,
भारत की भक्ति रोम-रोम भर दीजिये।
अज्ञता की घन-घटा घट से हटा दो मातु,
शुद्धता-प्रबुद्धता का अम्बे वर दीजिये।

7

हट जाये वैर-भाव हर-हिय से समूल,
उर-उर नित नव-प्रेम का उदय हो।
भारत की भूमि बन जाये प्रेम का प्रतीक,
एक दूसरे को न किसी से कोई भय हो।
भर दो हे भारती सभी में ऐसा दिव्य-ज्ञान,
चहुँ ओर परिवेश सुख-शान्ति-मय हो।
आपसी विरोध की प्रलय का न हो प्रकोप,
भारत व भारत निवासियों की जय हो।

8

मानस की शुद्धि-हेतु मातु यह निज-शीश,
चरणों से आपके लगाना चाहता हूँ मैं।
नित नवछन्द के मनोहर प्रबन्ध हेतु,
आपकी कृपा सदैव पाना चाहता हूँ मैं।
भारती-भवानी भरो सदा सदभाव उर,
बस यही आपको बताना चाहता हूँ मैं।
प्रतिपल जीवन में प्यारे बलिदानियों का,
सुन्दर सुयश गान गाना चाहता हूँ मैं।

9

कीजिये भवानी स्वीकार वंदना-सुमन,
मम-कृति-प्रकृति सुपावन बनाइये।
ग्रसित-कुमति और व्यथित विविध-भाँति,
अति हूँ पतित अंब आज अपनाइये।
वाणी-कल्याणी-वीणापाणि करो कल्याण,
मधुर-मधुर नाद वीणा का सुनाइये।
जड़ता से जड़ को उखाड़ फेंको मातु मम्,
जननी जगा के ज्ञान-गुरुता जनाइये।

10

संकट-समूह काटती है आपकी शरण,
आपकी शरण में हमारा सदा हित है।
अविलम्ब कीजिये कृपा हमारे दीनबन्धु,
अधमों से यह देश बहुत व्यथित है।
करुण पुकार अब सुनिये हमारी नाथ,
करो प्रभु आप को जो लगता उचित है।
आप की कृपा से किस की नहीं हुई कुशल,
महिमा तुम्हारी हर-लोक में विदित है।

11

चरणों में आप के झुकाते हम नित्य शीश,
दीनबन्धु हमें आप स्वीकार कीजिये।
नाथ कीजिये वहन सब पातकों का भार,
कृपाकर कर हमें भवसिन्धु पार कीजिये।
सदगुण भरकर शुद्ध कीजिये चरित्र,
उर में हमारे भक्ति विस्तार कीजिये।
हम तो भटकते रहेंगे यहाँ बार-बार,
हम पर कृपा प्रभु हर-बार कीजिये।

12

वंदना के हेतु उपयुक्त नहीं शब्दकोष,
वाणी-बल-बुद्धि में जनम से विहीन हूँ।
बस एक हरि के भरोसे लिखता हूँ छंद,
चरणों में इनके ही रहता मैं लीन हूँ।
सत्य व सनातन का अनुयाई हूँ विशेष,
किसी कला कौशल में मैं नहीं प्रवीन हूँ।
वीर-बलिदानियों का करता हूँ यशोगान,
हृदय से भारत की भक्ति के आधीन हूँ।

वंदना समाहार

"माँ शारदे और भगवान श्री विष्णु के चरणों में निवेदित यह मंगलाचरण काव्य यात्रा की वैचारिक शुचिता और लेखनी की मर्यादा को सुनिश्चित करता है। अंतःकरण की इस आध्यात्मिक जागृति के पश्चात, आइए अब हम पुस्तक के द्वितीय अनुभाग की ओर अग्रसर हों, जहाँ इस पावन धरा के मूल ऐतिहासिक और पौराणिक स्वरूप को समझने का प्रयास किया गया है।"

भारत महिमा

अनुभाग-2

मेरा भारत महान

(कुल छंद 21)

परिचय

संसार के मानचित्र पर भारत केवल एक भू-सांस्कृतिक खंड नहीं, अपितु एक जीवंत और सनातन चेतना है। इस द्वितीय अनुभाग के अंतर्गत इसी व्यापक चेतना, इसके भौगोलिक स्वरूप तथा इसकी ऐतिहासिक व आधुनिक महानता को छंदों का विषय बनाया गया है। कवि का मूल दृष्टिकोण यहाँ यह स्पष्ट करना है कि इस देश का सामर्थ्य और इसकी महिमा इतनी अनंत है कि किसी भी लेखनी के लिए इसे पूरी तरह शब्दों में समेट पाना संभव नहीं है; प्रत्येक साहित्यिक प्रयास इस विराटता को समझने की यात्रा का एक लघु अंश मात्र है। इसी विचार को केंद्र में रखकर इस खंड की पृष्ठभूमि तैयार की गई है।

इस अनुभाग की विषय-वस्तु को बहुआयामी संदर्भों से जोड़ा गया है। इसमें जहाँ एक ओर इस भूमि के उस परम पावन स्वरूप को रेखांकित किया

गया है जहाँ मर्यादा पुरुषोत्तम श्री राम, योगेश्वर श्री कृष्ण, सत्य और अहिंसा के प्रतीक भगवान बुद्ध व महावीर, स्वराज्य के प्रणेता छत्रपति शिवाजी महाराज तथा मानवता के मार्गदर्शक गुरु नानक देव जी जैसी महान चेतनाओं ने अवतार लिया; वहीं दूसरी ओर यहाँ की विदुषी नारी शक्ति के गौरव को भी उतनी ही प्रमुखता से उभारा गया है। वैदिक काल की गार्गी, अपाला और लोपामुद्रा जैसी विदुषियों के संदर्भ यह स्पष्ट करते हैं कि ज्ञान और अध्यात्म के क्षेत्र में भारत का नेतृत्व सदैव कितना सुदृढ़ रहा है।

सांस्कृतिक और भौगोलिक दृष्टि से, इसमें भारत के प्रहरी तुंग हिमालय, मोक्षदायिनी पतितपावनी गंगा तथा तीर्थराज प्रयाग धाम की महिमा का वर्णन किया गया है, जो इस राष्ट्र की आत्मिक ऊर्जा के केंद्र हैं। परंतु, यह काव्य केवल अतीत के गौरव तक सीमित नहीं है, बल्कि यह भारत के आधुनिक वैज्ञानिक उत्कर्ष को भी समान रूप से रेखांकित करता है। कवि ने समसामयिक बोध का परिचय देते हुए अंतरिक्ष विज्ञान के क्षेत्र में भारत के बढ़ते कदमों और 'चंद्रयान' की ऐतिहासिक सफलता पर भी विशेष रूप से छंद निबद्ध किए हैं, जो यह सिद्ध करते हैं कि इस राष्ट्र की मेधा और शक्ति को आज पूरा विश्व स्वीकार कर रहा है।

घनाक्षरी छंदों के माध्यम से अतीत के पौराणिक गौरव, मध्यकाल के शौर्य, सांस्कृतिक भूगोल और आधुनिक विज्ञान के इस अनूठे समन्वय को अत्यंत सहजता और गंभीरता के साथ प्रस्तुत किया गया है। कवि ने यहाँ स्वयं को केवल एक साक्षी और अनुगामी के रूप में प्रस्तुत किया है, जो इस अनंत महिमा के सागर से कुछ अनमोल मोती चुनकर पाठकों के सम्मुख रख रहा है। यह अनुभाग पाठकों को अपनी जड़ों से जोड़ने और राष्ट्र के वर्तमान पुरुषार्थ पर गर्व करने के लिए एक वैचारिक धरातल प्रदान करता है।

मेरा भारत महान

घनाक्षरी छन्द

1

जिसका चरित्र स्वच्छ युद्ध की कला में दक्ष,
जिसके समक्ष तेज वैरियों का फीका है।
अटपट वैरियों के सिर गिरे कट-कट,
प्रेम घट-घट जहाँ तट गंगाजी का है।
एकता की धारा का फुहारा चलता है यत्र,
विश्व सारा जानता सहारा जो सभी का है।
इस भारत के ज्ञान के समान और कौन,
जिसको महान-वरदान भारती का है।

2

चीन अमरीका रूस इटली जापान आदि,
भारत की शौर्य शक्ति कौन नहीं जानता।
देता सारे जगत को सुख शान्ति का संदेश,
भारत की जग में विदित है महानता।
मित्रता का सदा ही बढ़ाता सब ओर हाथ,
व्यर्थ किसी पर तलवार नहीं तानता।
यदि कोई इसको दिखाता भूल से भी आँख,
तब तो ये भारत किसी की नहीं मानता।

3

भाँति-भाँति के सुखद-सुमन बिखेरें नित,
विविध-मतों की शुचि सुन्दर सी क्यारियाँ।
राम-कृष्ण बुद्ध-महावीर शिवा-नानक की,
गूँजी जहाँ मधुर-मधुर किलकारियाँ।
लोपामुद्रा-गार्गी मनस्विनी-मदालसा व,
सत्यभामा-सीता व सावित्री सुकुमारियाँ।
भारत की आन-बान-शान का प्रतीक रहीं,
गार्गी-अपाला-लोपामुद्रा जैसी नारियाँ।

4

भारत की महिमा में लेखनी चलाये बिना,
और कुछ लिखने का नहीं कोई अर्थ है।
शारदे-सपूतों शत-शत है नमन तुम्हें,
आप में से हर कोई सफल समर्थ है।
आप से है अनुरोध उसका करें विरोध,
भारत की भूमि में जो करता अनर्थ है।
देश की सुरक्षा में न जिसका हो सहयोग,
ऐसे देश-वासी का तो जीवन ही व्यर्थ है।

5

जिसके प्रबल-तेज-बल के प्रताप से ही,
पल में ही शत्रु-सैन्य-दल फुँक जाता है।
जिसकी विराट-हुंकार सुनकर सदा,
काल भी विशेष-भय से ठिठुक जाता है।
जिसके महान-तप-त्याग का बखान सुन,
चरणों में जिसके सुरेश झुक जाता है।
भारत है ऐसी महिमा का वो अगम-सिन्धु,
स्वागत में जिसके दिनेश रुक जाता है।

6

सुधा से सतत सींचती है सुरसरि जिसे,
शीश में किरीट-गिरिराज है धरा हुआ।
जिसके समक्ष नहीं गलती किसी की दाल,
रहता है शत्रु जिससे सदा डरा हुआ।
ज्ञान-सुषमा-सुरभि-रमणीयता का कोष,
जिसकी पवित्र भूमि में है बिखरा हुआ।
महिमा का जिसकी बखान करते हैं देव,
भारत है दिव्य-क्षमताओं से भरा हुआ।

7

पुनः आदित्य का प्रकाश पा खिला कमल,
बदल गया है रंग धरती आकाश का।
गा रहे विहंग-दल सुन्दर-मधुरगीत,
प्रबल प्रभाव बढ़ा सुरभि-सुवास का।
फूला न समाये फुलवारियों में ऋतुराज,
बिछ गया सुभग-बिछौना हरी घास का।
देखो सतरंगी-परिधान से सजी प्रकृति,
आ गया समय अब सभी के विकास का।

8

बोयेंगे सतत सद्भावना के बीज हम,
आपस का वैर-भाव हिय से हटायेंगे।
करेंगे विकास प्रिय भारत का मिलकर,
देशद्रोहियों का बल सकल घटायेंगे।
आने नहीं देंगे आँच निज मातृभूमि पर,
इसकी सुरक्षा हेतु शीश भी कटायेंगे।
चली जो किसी ने चाल कभी देश के विरुद्ध,
उन वैरियों को धूल पल में चटायेंगे।

9

भारत की महिमा में लिख देना चार छन्द,
निज लेखनी को यदि सफल बनाना है।
यदि चाहते हो उपयोग निज-जीवन का,
भारत की महिमा के गीत तुम्हें गाना है।
भारत की गरिमा व आन-बान-शान हेतु,
हर-हिय देशभक्ति-भाव उपजाना है।
राष्ट्रधर्म अपना निभाना सबसे-प्रथम,
बहकावे में कभी किसी के नहीं आना है।

10

जन-जन-हिय सद्भावना के भाव भर,
कर के सबल हर भारत के लाल को।
जप कर वन्देमातरम ये महान-मंत्र,
आओ रखें ऊँचा नित भारत के भाल को।
धरा से मिटा दें सभी भारत-विरोधियों को,
ढंग से सुधारें देश-द्रोहियों की चाल को।
अपना ये ध्वज फहरायें आओ मिलकर,
ढक दें तिरंगे से सुअम्बर-विशाल को।

11

भारत के पूत अनुगामी है सनातन के,
व्यर्थ में किसी से हम रार नहीं ठानते।
काल से भी नहीं होते कभी भयभीत हम,
गीदड़ों पे कभी तलवार नहीं तानते।
सभी ओर मित्रता का नित हैं बढ़ाते हाथ,
सारी वसुधा को निज परिवार मानते।
बच कर जाने नहीं देते देशद्रोहियों को,
इनको मिटाने हेतु खाक भी हैं छानते।

12

भारत की आन-बान-शान की कसम आज,
कहता हूँ नाम लेके शिव-शशिधर का।
भारत की महिमा को सतत बढ़ाने हेतु,
जाग उठा बच्चा-बच्चा अब घर-घर का।
करने न पायेगा अनिष्ट इस भारत का,
आके देशद्रोही कोई इधर-उधर का।
भारत की महिमा का होगा सभी ओर गान,
सपना साकार होगा हर-नारि-नर का।

13

कितना भी करूँ मैं प्रयास निशिदिन बन्धु,
पर आप जैसा पद्य नहीं लिख पाऊँगा।
वन्देमातरम का करूँगा उदघोष नित,
निज-उद्गार आप तक पहुँचाऊँगा।
करूँगा सदैव देश-द्रोहियों का मैं विरोध,
भारत के वीरों का सुयश-गान गाऊँगा।
भारत की महिमा में लिखता रहूँगा छन्द,
निज-कर्तव्य देश-हित में निभाऊँगा।

14

हिन्द वाले चूम चुके चन्द्र की धरा को आज,
भारत का लोहा अब सारे-देश मानेंगे।
झूम-झूम मन से मुदित होके घूम-घूम,
अंक में मयंक के तिरंगा हम तानेंगे।
भारत के पूतों ने रचाया ऐसा इतिहास,
भारत की क्षमता को सब पहचानेंगे।
पर कुछ देशद्रोहियों को न जमेगी बात,
जानते हुये भी वो कभी न यह जानेंगे।

15

गलती नहीं किसी की दाल जिसके समक्ष,
चलती नही किसी की चाल देख लीजिये।
खंड-खंड करके घमंड वैरियों का घोर,
चूम रहा अम्बर-विशाल देख लीजिए।
देख-देख इसको मुदित अति होता मन,
करता है बहुत कमाल देख लीजिये।
हर-द्वार नगर-नगर गाँव घर-घर,
भारत के ध्वज का धमाल देख लीजिये।

16

मच गयी धूम चहुँ-ओर जोर-शोर अब,
अपना तिरंगा चन्द्रलोक में है छा गया।
भारत-सपूतों का सफल हुआ है प्रयास,
चन्द्रयान अपनी सफलता को पा गया।
देखकर रह गया सारा-जग दंग आज,
भारत का चाँद पै जमाना अब आ गया।
खिल गया आनन प्रसन्नता से भारत का,
वैरियों का मुख यह देख मुरझा गया।

17

सारे-देश-वासियों का सपना हुआ साकार,
उर में उमंग हर्ष रोम-रोम भरिगा।
करके प्रयास ऐसा इतिहास दिया रच,
जो न कर पाया कोई भारत वो करिगा।
वैरियों के मुँह पै तमाचा है करारा यह,
रिपु यह देख अपने ही आप मरिगा।
भारत का गौरव बढ़ाने के लिये विशेष,
भारत का चन्द्रयान चन्द्र पे उतरिगा।

18

झलक रही है अधरों पे मृदु-मुसकान,
आनन आनन्द-भरा दे रहा दिखाई है।
रोम-रोम हो रहा है पुलकित अतिसय,
मन में उमंग अति-सघन समाई है।
थिरक रहे हैं पग नाचने के हेतु अति,
मधुर-मधुर बज रही शहनाई है।
कमल ने कर दिया फिर से यहाँ कमाल,
भाजपा ने विजय-विभूति फिर पाई है।

19

मिल गयी भाजपा को विजय-विभूति-भव्य,
आ रही बधाइयाँ है शशि व मिहिर से।
राहु-केतुओं के सब विफल हुये प्रयास,
रवि क्या ग्रसित होता है कभी तिमिर से?
खिल गया कमल विकास करने के हेतु,
हट गया संकट-विकट हर-सिर से।
जन-जन के आनन्द से छलक उठे चक्षु,
उड़ गयी नींद देश-द्रोहियों की फिर से।

20

धरती-गगन को है निज में समेटे हुये,
मिल रहा उर खोल पावन-समीर से।
भारत की आन-बान-शान का प्रतीक-मंजु,
अपना तिरंगा कह रहा हर-वीर से।
जिसके हृदय रंच दिखता नहीं है प्रेम,
भारत की शुचि-सतरंगी-तस्वीर से।
कैसे कर पायेगा वो अनुराग सुनो बन्धु,
नानक व राम-कृष्ण बुद्ध-महावीर से।

21

लीन है समाधि में तो कोई साधे प्राणायाम,
कोई है आनन्द-मग्न हरि-अनुराग में।
जप रहा कोई हरि-पावन-परम-नाम,
कोई तप रहा दिव्य-साधना की आग में।
दे रहा है ज्ञान संत-समुदाय-सुखधाम,
शुद्ध-पुरुषार्थ मिलता है तप-त्याग में।
ले रहा आनंद सुर-वृंद यहाँ आठों-याम,
मच रही धूम प्रिय-पावन-प्रयाग में।

भारत महिमा

अनुभाग-3

भारत के रत्न

(कुल छंद 29)

परिचय

किसी भी राष्ट्र का वास्तविक मूल्य और उसका नैतिक बल केवल उसकी भौतिक संपदा से नहीं, बल्कि वहाँ जनमे उन महापुरुषों और संतों से आंका जाता है जिन्होंने अपने जीवन को समाज और धर्म के लिए होम कर दिया। 'भारत के रत्न' नामक यह तृतीय अनुभाग इस पावन धरा के उन्हीं अमूल्य चरित्रों, क्रांतिकारियों, युगद्रष्टा संतों और उनके गौरवशाली इतिहास पर एकाग्र है। कवि का मूल उद्देश्य इस खंड में उन आदर्शों को सम्मुख लाना है, जिन्होंने समय-समय पर इस देश को वैचारिक, सांस्कृतिक और सामरिक संकटों से उबारा है।

इस अनुभाग का फलक राष्ट्रीय शौर्य और आध्यात्मिक चेतना के अद्भुत समन्वय से निर्मित हुआ है। इसके अंतर्गत जहाँ एक ओर मातृभूमि की

स्वाधीनता के लिए सर्वस्व अर्पण करने वाले महाराणा प्रताप के अडिग स्वाभिमान, छत्रपति शिवाजी महाराज के नीति-कौशल और आधुनिक युग में 'आजाद हिंद फौज' के माध्यम से क्रांति का शंखनाद करने वाले नेताजी सुभाष चंद्र बोस के अप्रतिम राष्ट्रवाद व बलिदान को छंदबद्ध किया गया है; वहीं दूसरी ओर यहाँ की महान गुरु-शिष्य परंपरा को विशेष स्थान मिला है। राष्ट्र-निर्माण में संतों की भूमिका को रेखांकित करते हुए समर्थ गुरु रामदास और छत्रपति शिवाजी महाराज के संबंधों तथा युग-परिवर्तक स्वामी रामकृष्ण परमहंस और उनके महान शिष्य स्वामी विवेकानंद के लोक-कल्याणकारी दर्शन को अत्यंत आदर के साथ उभारा गया है।

इसके अतिरिक्त, यह खंड भारत की उस धर्म-रक्षक और भक्तिपरक चेतना को भी स्वर देता है, जिसके बिना यह देश अधूरा है। इसमें कश्मीरी पंडितों और धर्म की रक्षा के लिए अपना शीश बलिदान करने वाले हिंद की चादर गुरु तेग बहादुर जी के सर्वोच्च त्याग को नमन किया गया है। साथ ही, भारतीय जनमानस के कंठहार महाकवि गोस्वामी तुलसीदास जी, उनके कालजयी ग्रंथ 'श्री रामचरितमानस' की महिमा तथा मर्यादा पुरुषोत्तम श्री राम की अनन्य भक्ति का बहुत ही सुंदर प्रतिपादन किया गया है। कवि ने इनके साथ ही अन्य उन संत-महात्माओं के योगदान को भी समाहित किया है जिन्होंने समाज को सदाचार का मार्ग दिखाया।

घनाक्षरी छंदों के शास्त्रीय अनुशासन में ढला यह अनुभाग किसी भी प्रकार के व्यक्तिगत पूर्वाग्रह से मुक्त होकर, केवल इतिहास और अध्यात्म के उन प्रकाश-स्तंभों को पाठकों के समक्ष रखता है जो राष्ट्र की अस्मिता के रक्षक हैं। कवि ने यहाँ स्वयं को केवल एक संकलनकर्ता के रूप में प्रस्तुत किया है, जो इन महान रत्नों के जीवन की आभा को समाज तक पहुँचाने का प्रयास कर रहा है।

भारत के रत्न

घनाक्षरी छन्द

1

राजपूती-शान-स्वाभिमान को बचाने हेतु,
राणाजी ने खाई जहाँ रोटियाँ थी घास की।
जहाँ पै मिली थी शक्ति बुद्ध को प्रबुद्धता की,
साधना सतत चली साहसी-सुभाष की।
जहाँ पै विवेकानन्द ने जलाई ज्ञान-ज्योति,
जगत में फैली रश्मि जिसके प्रकाश की।
नमन है भारत को गूँजती है गाथा जहाँ,
शिवा व समर्थ-स्वामी-गुरू-रामदास की।

2

भूल नहीं जाना इतिहास महाराणाजी का,
झाँसी-वाली-रानी की कहानी याद रखना।
गिरने न पाये स्वाभिमान देश-प्रेमियों का,
मरने न पाये कहीं पानी याद रखना।
रचने न पाये षड्यन्त्र देश-द्रोही यहाँ,
करने न पाये मनमानी याद रखना।
सिमट के पन्नों पर ही न रह जाये कहीं,
गाथा शूर-वीरों की जुबानी याद रखना।

3

अमर कथायें बलिदानियों की पढ़-पढ़,
कायराना भावों का शमन करता हूँ मैं।
देख-देख उनके पवित्र-आननों के चित्र,
शूल-निज-हिय का दमन करता हूँ मैं।
देशभक्ति-भावना की दिव्य-उपलब्धि हेतु,
नाम ले उन्हीं का आचमन करता हूँ मैं।
हिन्द के सितारे भारती के प्राण-प्यारे-पुत्र,
अब्दुल-हमीद को नमन करता हूँ मैं।

4

कर्मयोगी के समान जीवन किया व्यतीत,
स्वप्न देखा था जिन्होंने भारत विकास का।
देवता भी करते हैं गुणगान हिय खोल,
जिनके महान और अथक-प्रयास का।
जिनकी असीम-देशभक्ति से है भरा हुआ,
पन्ना-पन्ना देखिये हमारे-इतिहास का।
गाते रहेंगे पवित्र-यश चिरकाल तक,
भारती के लाल-वीर-साहसी-सुभाष का।

5

देश की वसुन्धरा पै उतरा था मार्तण्ड,
देकर प्रकाश अल्पकाल में चला गया।
भर गया देश-प्रेमियों में जो स्वदेशभक्ति,
जय-हिन्द बच्चे-बच्चे से जो कहला गया।
तोड़ गया वैरियों की कटि रणबाँकुरा वो,
देश-द्रोहियों के दिल को जो दहला गया।
नाम था सुभाष किया काज भारती के हेतु,
कई बार राहु-केतुओं से था छला गया।

6

भारत की महिमा को जिन्होंने बढ़ाया अति,
अधमों को मार भार धरा का घटाया था।
जिनकी महान-वीरता से काँपता था अरि,
दुष्ट-दानवों को धूल रण में चटाया था।
जन-जन में जगाई ज्ञान की अखण्ड-ज्योति,
मानस में भरे भय-भ्रम को हटाया था।
कैसे भूल जाऊँ बलिदान गुरू-तेगजी का,
देश-धर्म हेतु शीश जिन्होंने कटाया था।

7

रोम-रोम जिनके भरी थी देशभक्ति-घोर,
भारत के लाल शिवा वैरियों के काल थे।
वो समर्थ-गुरू-रामदास के महान-शिष्य,
वीरता-प्रवर-भक्ति-शक्ति में विशाल थे।
अरि की चमू में घुसते थे केशरी की भाँति,
उनके समक्ष शत्रु जैसे कि श्रृगाल थे।
जंग से उखाड़ फेंकते थे गीदड़ों को झट,
जीजाबाई के दुलारे बड़े बेमिसाल थे।

8

दिव्य-तेजधारी ब्रह्मज्ञान के स्वरूप सिद्ध,
मेदिनी के रत्न प्रिय भारत के प्राण थे।
धर्म की ध्वजा को ले मचाई धरती में धूम,
विद्यानिधि विद्वता के प्रबल-प्रमाण थे।
साहसी-सुशील सत्य-सभ्यता के मेरुदण्ड,
अज्ञता-निवारण के हेतु रामबाण थे।
मूल थे आनन्द व विवेक की विवेकानन्द,
करने जगत का वो आये कल्याण थे।

9

भक्तिरस की बहाई गंगा-प्रिय-पावनी व,
जग में प्रसारा प्रभुज्ञान के प्रकाश को।
परम-पुनीत ईश-प्रीति-युक्त सुविनीत,
सभी ने सराहा सदा जिनके प्रयास को।
साधना में सिद्ध अरु परम-प्रसिद्ध-दिव्य,
प्रेम के आगार सत्य-शक्ति के निवास को।
कोमल-हृदय प्रिय सरल-स्वभाव-धनी,
शत-शत है प्रणाम सन्त-रविदास को।

10

सुख-दुख हानि-लाभ के प्रभाव से रहित,
तप-त्याग-धारी दिव्य-शक्ति के स्वरूप को।
सत्यव्रत-धारी सुखकारी-अविकारी अति,
पूजनीय-ज्ञानी-वरदानी सन्तभूप को।
मंगल-जलधि प्रियभक्त जगदीश्वर के,
प्यारे जन-जन के अलौलिक अनूप को।
सुन्दर परमहंस-रामकृष्ण शुभ-नाम,
कोटिश प्रणाम इस ईश्वर के रूप को।

11

प्रबल-प्रभाव-परिपूर्ण प्रिय-पावनी व,
दुख-द्वन्द सकल-त्रिताप-पाप-हारिणी।
ज्ञान व विवेक का अगम-शुचि-स्रोत-सिद्ध,
मुद-मोद-दायिनी व कल्याण-कारिणी।
कलि की कलुषता-समूल सद्य-नाशिनी व,
दिव्यता प्रदायिनी व भव-सिन्धु-तारिणी।
भक्ति-रस-गंगा भरी तुलसी के छन्द-छन्द,
महिमामयी व हरि-हृदय विहारिणी।

12

पावन-परम-मधुमास के मधुर-दिन,
इन्हें हरिनाम-जप-ध्यान में लगाइये।
लीजिये आनन्द प्रतिपल भक्ति-भावना का,
मानस-मधुर जन-जन को सुनाइये।
लोक-परलोक साध लीजिये सरलता से,
विषयों में व्यर्थ मत समय गँवाइये,
सत्संग कीजिये सतत सदभावना से,
जीवन को सुदर व सफल बनाइये।

13

तुलसी की लेखनी में दिखता है जिसे खोट,
मानस के प्रति मान नहीं जिस जन में।
देवी-देवताओं का करे जो अपमान और,
आस्था न जिसे सीता-राम व लखन में।
करे जो सनातन का परिहास निशि-दिन,
संत के विरूद्ध दुर्भावना हो मन में।
उनको न अपना हितेषी मान लेना कभी,
होता है विशेष-विष ऐसे दुर्जन में।

14

अपने तो प्राण बसते हैं बस मानस में,
और यही मानस है सब कुछ अपना।
जल जायेंगे स्वतः मानस जलाने वाले,
उनका साकार होगा कभी भी न सपना।
ऐसा अपराध करते हैं ईश-भक्ति-हीन,
जिनके है जीवन में कोई जप-तप न।
अपयश का किरीट इनके चढ़ेगा शीश,
छोड़ देगी जीवन की बेल भी पनपना।

15

मानस को पढ़-पढ़ कर ही बड़ा हुआ हूँ,
देखता हूँ चहुँ-ओर मानस के बल को।
मानस की महिमा को जानता है जन-जन,
वैसे ये समझ नहीं आती किसी खल को।
राम के सनेही हनुमान ने लिखा है इसे,
जिन्होंने जलाई लंका जीत के अनल को।
ध्वंशकों को मानस दहन का मिलेगा फल,
यदि आज नहीं निश्चित है ये कल को।

16

मानस जलाना है विरोध हनुमानजी का,
महिमा को जिनकी त्रिलोक सारा जानता।
जिसका विनाश आता विधि के विधान-वश,
दुर्भाग्य से ही वह रार ही है ठानता।
बोलता है उसके घमंड शीश चढ़कर,
ऐसा खल समझाने से भी नहीं मानता।
सुमति विवेक से विहीन होता है वो नर,
विप्र गुरू संत को भी नहीं पहचानता।

17

सदा मानते हैं तुलसी का उपकार हम,
जिन्होंने हमारे लिये मानस उतारा है।
राम का चरित पहुँचाया जन-जन तक,
हम जैसे पापियों का जीवन सुधारा है।
सुन-नर-मुनि सदा जिनका करें बखान,
कोटि-कोटि प्राणियों को जिसने उबारा है।
कामधेनु और कल्पवृच्छ के समान सिद्ध,
मानस-पवित्र हमें प्राणों से भी प्यारा है।

18

रचकर राखा जिसे शिवजी ने मानस में,
अवसर पर माता अम्बे को सुनाया है।
वायसभुशुण्डि ने, जिसे गरुण के समक्ष,
शुद्ध-भक्ति-भरे-भाव से सप्रेम गाया है।
याज्ञवल्क्य जैसे मुनि-ज्ञानी से प्रयाग पर,
भरद्वाज महामुनि ने भी इसे पाया है।
ऋषि-वाल्मीकि ने विशेष तप-साधना से,
परम-पवित्र यह मानस रचाया है।

19

मानस की ताल संग नाचता है उर जब,
तन-मन में महा आनन्द भर जाता है।
कलि के कराल कर काँप उठते हैं तब,
पापों का समूह सुन सारा डर जाता है।
कटते हैं कठिन-कुयोग सभी जीवन के,
भव-सिन्धु-घोर जीव पार कर जाता है।
मानस की महिमा-असीम कहाँ तक कहूँ,
मानस के संग से मनुज तर जाता है।

20

मानस-विरोध में जो कर ऐसा शोर,
उस ने किया न कभी इस पर शोध है।
मानस ने सब को सुझाया भक्त-ज्ञान-पंथ,
इसमें कहीं नहीं किसी का भी विरोध है।
मानस को अपना के कौन न हुआ महान,
मानस से कटता कठिन-अवरोध है।
वायसभुसुण्डि करते हैं इसका ही गान,
मानस-महान दिव्य-सरस सुबोध है।

21

करता हूँ मानस पारायण मैं प्रतिदिन,
देखता हूँ चहुँ-ओर मानस के बल को।
मानस की महिमा को जानता है जन-जन,
वैसे ये समझ नहीं आती किसी-खल को।
राम के सनेही हनुमान की है ये भनिति,
जिन्होंने जलाई लंका जीत के अनल को।
ध्वंशकों को मानस-दहन का मिलेगा फल,
यदि आज नहीं निश्चित है ये कल को।

22

मानस का मधुर-मनोहर-सरस गान,
खला है कुपंथियों को खलता रहेगा यूँ,
न्यून नहीं होगा कभी मानस का दिव्य-यश,
चलता रहा है और चलता रहेगा यूँ।
जैसा कर्म वैसा भोगना पड़ेगा यहाँ फल,
मानस जलाने वाला जलता रहेगा यूँ।
करेगा दुशासन की भाँति अपना विनाश,
तथा परिजनों को भी दलता रहेगा यूँ।

23

त्याग भरे जीवन से युक्त लोभ से रहित,
जन-जन के आशीष जिन्हें मिलते रहे।
सतत-आनंद की तरंग से उमंगित हो,
निर्मल-गंगा-नीर सम हिलते रहे।
हरते रहे सदैव दूसरो के दुख-द्वन्द,
निज-हेतु फटी-गुदडी ही सिलते रहे।
दाराजी शिकोह जैसे ज्ञानी को नमन-कोटि,
कंटकों के मध्य फूल जैसे खिलते रहे।

24

उड़ चला सूर्य-यान हिन्द की धरा से आज,
बढ़ा गया गौरव पुनः इस देश का।
भर गया बहुतों के उर में आनन्द सिंधु,
द्रोहियों का उर बन गया धाम द्वेष का।
करेगा चमत्कार मिल ये दिवाकर से,
देगा परिणाम-शुभ साहस-विशेष का।
अठखेलियाँ करेगा रवि से ये रवि-यान,
शशि-यान चूम चुका हृदय राकेश का।

25

राम की रामायण से किसको हुई है हानि,
उसके विरुद्ध तो अभद्र मत बोलिये।
गिरिये न धृष्टता की सीमा से अधिक और,
अपनी ही नीचता की पोल मत खोलिये।
स्वयं के दोषों का हटाने का करो प्रयास,
एक-बार अपना हृदय भी टटोलिये।
कीजिये सदैव सिया-राम का भजन शुभ,
जीवन में अपने गरल मत घोलिये।

26

जानना था जिनको वो जान गये राम जी को,
जिन्होंने न जाना कभी जान नहीं पायेंगे।
लाख समझाओ किन्तु ऐसे भी हैं कुछ लोग,
निज-बाप को भी पहचान नहीं पायेंगे।
मर जायेंगे वो श्वान जैसे भौंक-भौंक कर,
जीवन का सुंदर विधान नहीं पायेंगे।
करेंगे जो राम का विरोध दुर्भाग्य-वश,
कभी मान और सम्मान नहीं पायेंगे।

27

राम से है वैर तो न खैर अपनी समझ,
गैर नहीं रामजी तो अपने है मान ले।
तैर जायेगा ये सिंधु बिना ही प्रयास सद्य,
पकड़ के पैर रामजी के यह ठान ले।
राम के बगैर मिलती नहीं है शुभगति,
करनी पड़े न सैर योनियों की जान ले।
मत कर वैर अब गह राम की शरण,
बेर-बेर राम टेर पुण्य तू महान ले।

28

उपकार कितना तुम्हारा मैं गिनाऊँ राम,
जीवन की धारा का सहारा मम एक हो।
नेति-नेति वेदों ने उचारा तुम्हें बार-बार,
एक होते हुये आप-अमित-अनेक हो।
जय-जप-तप-त्याग संयम-स्वरूप भूप,
सत्य-शुभ-शांति-बल बुद्धि व विवेक हो।
तुम ही किरीट-छत्र-वैभव-विशेष राम,
धैर्य-धर्म-पुण्य-श्री-सुयश अभिषेक हो।

29

काल के लिये भी हैं कराल-विकराल किन्तु,
कभी किसी के लिये विषम भी नहीं हैं वो।
इसीलिये कहे जाते हैं वो करूणानिधान,
क्योंकि किसी पल निर्मम भी नहीं हैं वो।
सुर-नर-मुनि सभी करते हैं गुणगान,
कौन कहता है अनुपम भी नहीं हैं वो।
चलो मान लिया ईश नहीं हैं हमारे राम,
किन्तु किसी ईश्वर से कम भी नहीं हैं वो।

पुष्पांजलि

"शौर्य, त्याग, गुरु-कृपा और राम-भक्ति के अनुपम आदर्शों से सुसज्जित यह अनुभाग हमें अपनी गौरवशाली विरासत का बोध कराता है। राष्ट्र के इन अनमोल रत्नों के जीवन-दर्शन को अंतःकरण में धारण करने के पश्चात, आइए अब हम चतुर्थ अनुभाग की ओर बढ़ें, जो देश की सीमाओं पर अपने प्राण न्यौछावर करने वाले 'वीर शहीदों' के प्रति समर्पित है।"

भारत महिमा

अनुभाग-4
वीर शहीदों को नमन

(कुल छंद 4)

परिचय

किसी भी स्वतंत्र राष्ट्र की संप्रभुता, अखंडता और उसकी सीमाओं की सुरक्षा का सबसे बड़ा आधार उसके वे सैनिक होते हैं जो अपने सुख-चैन का परित्याग कर रणभूमि में डटे रहते हैं। यह चतुर्थ अनुभाग उन समस्त अमर सेनानियों, बलिदानियों और वीर जवानों के प्रति एक भावपूर्ण एवं वैचारिक श्रद्धांजलि है, जिन्होंने भारत माता की बलिवेदी पर अपने प्राणों की आहुति दे दी। कवि ने यहाँ किसी व्यक्ति-विशेष का नामोल्लेख करने के स्थान पर, सामूहिक रूप से उन सभी ज्ञात-अज्ञात वीर सपूतों की महिमा, शौर्य और पराक्रम को छंदों का विषय बनाया है जिन्होंने देश के वर्तमान के लिए अपना भविष्य होम कर दिया।

इस अनुभाग का मूल स्वर पूर्णतः कृतज्ञता और सम्मान से ओत-प्रोत है। इसके अंतर्गत संकलित छंदों में भारतीय सैनिकों के उस अदम्य साहस और अद्वितीय पराक्रम का दिग्दर्शन कराया गया है, जो विपरीत से विपरीत

परिस्थितियों और दुर्गम सीमाओं पर भी कभी डगमगाता नहीं है। कवि ने यहाँ बहुत ही तटस्थता के साथ उन वास्तविक नायकों के मान-सम्मान, उनकी उच्च कोटि की राष्ट्रभक्ति और उनके परिवारों के मौन त्याग को रेखांकित किया है। यह खंड यह स्थापित करता है कि देश की सीमाएं केवल शस्त्रों से नहीं, बल्कि हमारे सैनिकों के फौलादी संकल्प और राष्ट्र के प्रति उनके असीम अनुराग से सुरक्षित हैं।

शिल्प की दृष्टि से, घनाक्षरी छंदों के ओजस्वी प्रवाह में इन वीर शहीदों की वीरता और उनके अप्रतिम शौर्यगाथा को निबद्ध किया गया है। कवि ने स्वयं को यहाँ केवल एक राष्ट्र-अर्चक के रूप में प्रस्तुत किया है, जो शब्दों के माध्यम से उन अमर आत्माओं के चरणों में आदर के सुमन अर्पित कर रहा है, जिन्होंने इतिहास के पन्नों पर अपने रक्त से शौर्य की नई गाथाएं लिखी हैं। यह अनुभाग किसी भी प्रकार की आत्म-प्रशंसा या अतिशयोक्ति से दूर, प्रत्येक नागरिक के भीतर देश के रक्षकों के प्रति गहरे सम्मान और सामूहिक कृतज्ञता के भाव को जागृत करने का एक अत्यंत गंभीर साहित्यिक प्रयास है।

वीर शहीदों को नमन

घनाक्षरी छन्द

1

शौर्य शूर-वीरों का बखान करता हूँ बंधु,
लेखनी से कविता में धार रखता हूँ मैं।
आरती उतारता हूँ वीर-बलिदानियों की,
अनुराग विविध-प्रकार रखता हूँ मैं।
भारत की धरती को जननी समझता हूँ,
सेवा का सतत अधिकार रखता हूँ मैं।
मानता हूँ देश के तिरंगे को मैं भगवान,
आपके समक्ष ये विचार रखता हूँ मैं।

2

भारती के अगम-अगाध अति नेह से जो,
तन-मन अपना विशेष सींच लेते हैं।
बचकर नहीं जाने देते जो विरोधियों को,
निज-भुजदण्डों से उन्हें जो भींच लेते हैं।
भारत-विरुद्ध यदि कोई बोलता है बोल,
उसकी ज़बान जो तुरंत खींच लेते हैं।
ऐसे इस भारत के वीरों को प्रणाम नित,
यम की चुनौती भी जो रण-बीच लेते हैं।

3

धर कर धरणी को एक दिन निज-अंक,
अंबर-अनन्त का ललाट हम छू लेंगे।
देवलोक तक लेके जायेंगे तिरंगा यह,
यश की भुजाओं का हिंडोला हम झूलेंगे।
पुलवामा वीरों की अदृश्य शक्तियों के संग,
उनकी ही छाया में सतत-फले-फूलेंगे।
रणबाँकुरों का गायेंगे अमर-गुणगान,
बलिदानियों का बलिदान नहीं भूलेंगे।

4

राजगुरु सुखदेव पर लिखूँ कैसे छंद,
उनके लिये तो शब्द छोटे पड़ जाते हैं।
शेखर व मंगल के त्याग बलिदान पर,
अपने तो बुद्धि तंत्र मोटे पड़ जाते हैं।
बिस्मिल व भगत की महान गाथा कहूँ,
मेरे सारे छंद यहाँ खोटे पड़ जाते हैं।
किंतु इनको नमन कर लेने से भर से ही
हर छंद में सुभग गोटे पड़ जाते हैं।

भारत महिमा

अनुभाग-5

देश-द्रोहियों के प्रति

(कुल छंद 27)

परिचय

किसी भी राष्ट्र के उत्थान में जहाँ सकारात्मक और निष्ठावान नागरिक अपनी महती भूमिका निभाते हैं, वहीं कुछ ऐसी विघटनकारी प्रवृत्तियाँ भी पनप जाती हैं जो देश की आंतरिक शांति, संप्रभुता और उसकी मूल आत्मा को आघात पहुँचाती हैं। यह पांचवाँ अनुभाग उन्हीं राष्ट्रविरोधी तत्वों और प्रवृत्तियों को केंद्र में रखकर रचा गया है। इस खंड का मूल स्वर किसी व्यक्तिगत द्वेष से प्रेरित नहीं है, अपितु यह राष्ट्र की सुरक्षा और सामाजिक

समरसता को ध्यान में रखकर किया गया एक वैचारिक प्रतिवाद है। कवि ने यहाँ उन शक्तियों को विषय बनाया है जो समाज को बांटने और देश को कमजोर करने का कुत्सित प्रयास करती हैं।

इस अनुभाग के अंतर्गत संकलित छंदों में उन तत्वों की तीव्र भर्त्सना की गई है और उन्हें धिक्कारा गया है, जो इस राष्ट्र की मूल पहचान के विरोधी हैं। कवि ने बहुत ही स्पष्टता के साथ उन लोगों की निंदा की है जो देश की अस्मिता, मर्यादा पुरुषोत्तम श्री राम के आदर्शों, सनातन संस्कृति के जीवन-मूल्यों तथा सार्वभौमिक मानवता के सिद्धांतों के विरुद्ध कार्य करते हैं। यह खंड यह स्थापित करता है कि जो तत्व अपनी ही सांस्कृतिक जड़ों और अपनी मातृभूमि के प्रति निष्ठावान नहीं हैं, वे समाज में किसी भी प्रकार के आदर के पात्र नहीं हो सकते।

घनाक्षरी छंदों के ओजस्वी और तीखे प्रवाह में इन विकृत प्रवृत्तियों पर कड़ा प्रहार किया गया है। कवि ने यहाँ किसी भी प्रकार की आत्म-प्रशंसा से सर्वथा दूरी बनाए रखते हुए, एक सजग राष्ट्र-प्रहरी की भाँति अपनी लेखनी को समाज को सचेत करने का माध्यम बनाया है। भाषा की गंभीरता और छंदों का अनुशासन यहाँ गद्दारी और सांस्कृतिक विमुखता के विरुद्ध एक वैचारिक सिंहनाद के रूप में प्रकट होता है। यह अनुभाग पाठकों के भीतर राष्ट्रभक्ति और अपनी संस्कृति के प्रति सजगता को और अधिक सुदृढ़ करने का एक अत्यंत स्पष्ट और निर्भीक साहित्यिक प्रयास है।

देश-द्रोहियों के प्रति

घनाक्षरी छन्द

1

नहीं दिया जाता उपदेश देशद्रोहियों को,
उनको पकड़ के लताड़ दिया जाता है।
देश के विरुद्ध कभी कोई जो उठाये हाथ,
भुजदण्ड उसका उखाड़ लिया जाता है।
भारत-विरोध में जो उगले विकट-विष,
उसका कलेजा झट फाड़ दिया जाता है।
गरिमा में देश की लगाये जो कभी कलंक,
उसको समूल ही उजाड़ दिया जाता है।

2

देशद्रोही शपथ भी खाये यदि शतबार,
इन पर कभी विश्वास मत करना।
निज-पर भारत का मानेंगे ये उपकार,
इनसे कभी भी ऐसी-आस मत करना।
इनका चरित्र नहीं सकता कभी सुधर,
समझाने का इन्हें प्रयास मत करना।
देशद्रोहियों से सावधान रहना सदैव,
आसपास इनके निवास मत करना।

3

भूलकर भेडियों को देना नहीं राजपद,
कोई देश-भक्त ही नियुक्त होना चाहिये।
देशद्रोही कपटी कुचाली व घोटालेबाज,
छल-छद्मधारी न प्रयुक्त होना चाहिये।
राम-कृष्णजी की यह भारत है जन्मभूमि,
यहाँ राम-रागी उपयुक्त होना चाहिये।
देशभक्त ही हैं देश के विकास का आधार,
देश-द्रोहियों से देश मुक्त होना चाहिये।

4

रुचती नहीं है जिन्हें देश की अखण्डता ये,
चाहते हैं तोड़ना जो भारत-प्रबल को।
कितना भी कर लें ये क्षुद्र-षड्यन्त्र यहाँ,
सफल न होने देंगे शत्रुओं के छल को।
कोई ललकारे यदि घर में हमारे घुस,
बचकर जाने नहीं देंगे उस खल को।
शस्त्र ही उठाना होगा देश की सुरक्षा हेतु,
मार के भगाना होगा दानवों के दल को।

5

हिन्दू व मुसलमान में जो बाँटता है देश,
करता जो भारत का सदा अपमान है।
उसमें मनुजता का अंश ही नहीं है शेष,
मनुज के वेष में वो गीदड़ समान है।
ऐसे इन दानवों से रहो सावधान नित,
जिनमें धरम है न जिनमें ईमान है।
भारत की वन्दना में जिसका झुके न शीश,
देश-द्रोहियों की बस यही पहचान है।

6

वीर-बलिदानियों का करता नहीं जो मान,
कुटिल-कलंकी-नीच पापी व अधम है।
हो ना देश-हेतु रंच-अनुराग जिस उर,
वो भी देश-द्रोहियों से नहीं कुछ कम है।
निज-मातृभूमि को जो कभी न झुकाये शीश,
अति-निन्दनीय वही सबसे प्रथम है।
देशवासियों के मध्य फूट डालकर कोई,
यदि सुखी होना चाहे उसका ये भ्रम है।

7

भारत की महिमा को घटने न देंगे कभी,
इसकी अखण्डता को टूटने न देंगे हम।
कोई भी लुटेरा रख पायेगा न पग यहाँ,
अब उसे भारत ये लूटने न देंगे हम।
किसी मतभेद का शिकार न बनेंगे अब,
आपस में अपनों को फूटने न देंगे हम।
यदि पड़ गया देश-द्रोही जो हमारे हाथ,
देश की शपथ उसे छूटने न देंगे हम।

8

यदि देशद्रोही-व्याल करे फुफकार कभी,
मित्र अविलम्ब फन उसका कुचल दो।
भारत की आन-बान-शान को बढ़ाओ बन्धु,
देश-प्रेमियों के साथ मिलकर चल दो।
सीमा पर वैरियों के छक्के जो छुड़ाते सदा,
सहयोग उन सैनिकों को पल-पल दो।
यदि आपको पसंद आये यह छन्द मेरा,
जय-हिन्द बोल मेरी लेखनी को बल दो।

9

चाहते हैं शासन जमाना रामभूमि पर,
राम को झुकाना नहीं माथ चाहते हैं वो।
होनहार बालकों का चित करके भ्रमित,
और इन्हें करना अनाथ चाहते हैं वो।
भारत की धरती में वास करते हैं पर,
भारत के शत्रुओं का साथ चाहते हैं वो।
बोलने की जिनको तमीज़ भी नहीं तनिक,
देश की कमान निज-हाथ चाहते हैं वो।

10

नोच-नोच कर देश खाने वाले भेड़ियों के,
जबड़ों पे सच ऐसा-वार होना चाहिये।
तोड़ देना चाहिये दशन देश-द्रोहियों के,
इन पर प्रबल-प्रहार होना चाहिये।
देश के विरुद्ध जो सदैव बोलते हैं बोल,
उनका भी ठीक-उपचार होना चाहिये।
कटुता का बीज बोने वाले महापापियों का,
अब न कहीं भी अवतार होना चाहिये।

11

बैठ जाना ठीक नहीं हाथ पर हाथ रख,
देश के लिये भी कुछ कर के दिखाना है।
हमको शपथ है शिवाजी वा गोविन्दजी की,
देशद्रोहियों को झट मार के भगाना है।
देश की अखंडता है रखनी हमें अखंड,
भारत की शान स्वाभिमान को बचाना है।
मिलकर करना है सामना विरोधियों का,
हर-हिय हमें देश-प्रेम उमगाना है।

12

बोल कर वन्देमातरम निज-अन्तर से,
माथे पै लगा लो इस भारत की रज को।
बच गये प्राण बना कवच तिरंगा जब,
जग हुआ दंग देख इस अचरज को।
उर से निकाल फेंको विष की विषम-ग्रन्थि,
हिय से दो धन्यवाद अब तो जलज को।
कितना प्रबल है समझ गये होंगे सब,
अब तो झुका दो शीश भारत के ध्वज को।

13

रचेगा जो देश के विरुद्ध कोई षड्यंत्र,
उसे देशद्रोही कह के पुकारा जायेगा।
लाया जायेगा घसीट कर सब के समक्ष,
और भलीभाँति उसको सुधारा जायेगा।
तोड़ दिया जायेगा तुरन्त उसका बदन,
इसमें तनिक सोचा न विचारा जायेगा।
देश के विकास में किसी ने जो अड़ाई टाँग,
देश की शपथ वो तो यूँ ही मारा जायेगा।

14

चलते हैं विद्या व विवेक के जो विपरीत,
जिनकी न रुचि-रंच सन्त-उपदेश में।
जननी-जनक व गुरु से भी नहीं है प्रीति,
श्रद्धा भी न अल्प हरि-विधि व महेश में।
भारत-विरोधी-भाव उर में भरे विशेष,
घोलते हैं विष जो यहाँ के परिवेश में।
रहते हैं रत काली-करतूतों में सतत,
बसने न देना कभी उन्हें इस देश में।

15

काटने पड़ेंगे सर्व-कंटक-समूह सद्य,
देश का प्रगति-पथ सुन्दर बनाने को।
चुन-चुन कुसुम सजाने होंगे मग-मग,
भरी हुई दुर्गन्ध जड़ से मिटाने को।
करना पड़ेगा उपचार देश-द्रोहियों का,
भारत में सुखशान्ति सद्भाव लाने को।
रचने पड़ेंगे देश-प्रेम से लसित छंद,
हर-हिय देश-भक्ति भाव उमगाने को।

16

आरती उतारते हैं देशप्रेमियों की हम,
द्रोहियों का यहाँ सत्कार नहीं होता है।
भारत में रहकर भारत-विरुद्ध-बात,
हमें ये कुकृत्य अंगीकार नहीं होता है।
एक बार छमा कर देने की ही क्षमता है,
हमसे ये काम बार-बार नहीं होता है।
भारत के झण्डे पै लगाने को कभी भी हाथ,
देश-द्रोहियों को अधिकार नहीं होता है।

17

पड़ जाये पाला यदि इन नीच प्राणियों से,
आप वहीं पर वारा-न्यारा कर लीजिये।
इनसे न लेना सहयोग कभी जीवन में,
भले आप कष्ट में गुजारा कर लीजिये।
चाहे आस-पास के हों जान-पहचान के हों,
बस यही काम आप प्यारा कर लीजिये।
भूल से भी देश-द्रोहियों के पास जाना मत,
उचित है उनसे किनारा कर लीजिये।

18

किसी को पसन्द हरा भगवा किसी को प्रिय,
किसी को है भाता पीत किसी को सफेद है।
यही तो विशेषता है भारत की भूमि पर,
कभी भी किसी से यहाँ नहीं कोई भेद है।
पर कुछ देश-द्रोहियों को करें कैसे माफ,
इस बात को ही लेके रहा बड़ा खेद है।
निज काली-करतूतों से वो नहीं आते बाज़,
खाया जिस थाली में उसी में किया छेद है।

19

करते हैं भारत की धूमिल सदैव छवि,
जिसको है आता रस भारत की क्षति में।
बैठे जिस डाल पर उसी में कुठाराघात,
कर के जो डाल रहे निज को विपति में।
खाते जिस थाली में है करते उसी में छेद,
जाने क्या-क्या चलता है इनकी कुमति में।
आओ इन कण्टकों को फेंके जड़ से उखाड़,
जो हैं अवरोध इस देश की प्रगति में।

20

मुट्ठी-भर देश-द्रोहियों की टोली प्रतिदिन,
करती है कितना बवाल जरा देखिये।
खण्ड-खण्ड कर बाँट देना चाहते हैं देश,
इन देश-द्रोहियों की चाल जरा देखिये।
देश का विकास इन्हें रुचता नहीं है रंच,
चाहते हैं डालना अकाल जरा देखिये।
ये तो हर-हाल में झुकाना चाहते हैं बस,
भारत का अपने ही भाल जरा देखिये।

21

ज्ञानी-ध्यानी-दानी-विज्ञानी वीर-बाँकुरों व,
ऋषि-मुनि साधु-सन्त योगियों के देश में।
भारत विरुद्ध गतिविधियों में लिप्त लोग,
घूमने लगे हैं अब ढोंगियों के वेष में।
करने को कमज़ोर भारत का मेरुदण्ड,
बढ़ने लगे हैं समुदाय ये विशेष में।
करने लगे हैं छल देश-द्रोहियों के दल,
घोलने लगे है विष पूरे-परिवेश में।

22

करने को अवरुद्ध देश का प्रगति-पथ,
देशद्रोही यदि यहाँ कण्टक बिखरेंगे।
रचेंगे जो षड्यंत्र हिन्द के विरुद्ध और,
कुटिल-कुदृष्टियों से भारती को हेरेंगे।
उनको मिलेगा हर-हाल में प्रचण्ड-दण्ड,
यम के विकट-दूत जब उन्हें घेरेंगे।
करके कलेवर को भंग छेद अंग-अंग,
फिर यमराज उन्हें कोल्हुओं में पेरेंगे।

23

कीजिये न व्यर्थ में विवाद-अपवाद आदि,
स्वमति-कपाट बन्धु कृपा-कर खोलिये।
पहचान लीजिये प्रवीणता को भारत की,
लघु मापदण्डों से न भारत को तौलिये।
कीजिये उदारता की बात हिय खोलकर,
देश में विषमता का विष मत घोलिये।
देश की प्रगति में प्रदान कर योगदान,
हृदय से भारत की जय-जय बोलिये।

24

कुछ न चलेगा जोर करते रहोगे शोर,
हँसना ये छोड़ तुम्हें रोना पड़ जायेगा।
काल की कराल गति ऐसा कर देगी तुम्हें,
घर छोड़ जाने कहाँ सोना पड़ जायेगा।
फुदक रहे हो ऐसे मद में हो चूर आप,
उपलब्धियों से हाथ धोना पड़ जायेगा।
करोगे विरोध जो सनातन का इस-भाँति,
अपना ये पद तुम्हें खोना पड़ जायेगा।

25

अपने ही देश का जो नित करते अहित,
देश-द्रोहियों की पहचान यही होती है।
चलते हैं सदा नीति और न्याय के विरुद्ध,
इनकी तो आदत-महान यही होती है।
लूटमार कर खाने वाले ऐसे पापियों की,
निन्दनीय-प्रकृति-प्रधान यही होती है।
भारत की जय बोलने से कतराती है जो,
सच मानो घटिया-ज़बान यही होती है।

26

जिनकी उद्दण्डता से क्षुब्ध हो रहा है देश,
कमी रह गयी बस उनमें नकेल की।
भीमरावजी को कैसे पहचान पायेंगे वो,
मूढ़ जानते नहीं जो महिमा-पटेल की।
कैसे इन पागलों से होगा देश का विकास,
जिन्हें लग जाये लत भेड़ियों के खेल की।
भगवान इनकी सुधार दीजिये कुमति,
खानी पड़े हवा कहीं इनको न जेल की।

27

कितना तू उगलेगा विष देश के विरुद्ध,
ऐसा कोई देश दिलवाला नहीं पायेगा।
रहना न आया तुझे भारत मे अभी तक,
सुन कहीं ऐसा बोल-बाला नहीं पायेगा।
कहीं न सुलभ होगा तुझे यहाँ जैसा ताज़,
तन के लिये भी तू दुशाला नहीं पायेगा।
यदि न यक़ीन हो तो जा के कहीं और देख,
कहीं भी सुकून का निवाला नहीं पायेगा।

भारत महिमा

अनुभाग-6

दुश्मन को ललकार

(कुल छंद 21)

परिचय

भारत का इतिहास साक्षी है कि यह राष्ट्र सदैव शांति, सह-अस्तित्व और वसुधैव कुटुंबकम् के सिद्धांतों पर चला है। परंतु, जब भी किसी बाहरी शक्ति या शत्रु ने भारत की इस उदारता और उपकार को उसकी दुर्बलता मानकर देश की संप्रभुता पर आघात करने का दुस्साहस किया, तब यहाँ के जनमानस ने उसका अत्यंत कठोरता से प्रतिवाद किया है। यह छठा अनुभाग भारतीय शौर्य, पराक्रम और राष्ट्रीय स्वाभिमान का एक सशक्त वैचारिक सिंहनाद है, जिसमें राष्ट्र की अखंडता को चुनौती देने वाले शत्रुओं को स्पष्ट शब्दों में चेताया गया है।

इस अनुभाग की मूल विषय-वस्तु उन शक्तियों के विरुद्ध एकाग्र है जो भारत के प्रति स्थायी शत्रुता का भाव रखती हैं। इसके अंतर्गत निबद्ध छंदों में उन तत्वों को कड़ा संदेश दिया गया है जो इस पावन भूमि के ऐतिहासिक

एहसानों और उपकारों को भूलकर गद्दारी की राह चुनते हैं या सीमाओं पर अशांति उत्पन्न करने का कुत्सित प्रयास करते हैं। कवि ने यहाँ बहुत ही तटस्थता के साथ यह स्पष्ट किया है कि भारत जितना शांतिप्रिय है, संकट के समय उसका सैन्य बल और नागरिक संकल्प उतना ही वज्र के समान कठोर होने का सामर्थ्य रखता है।

शिल्प की दृष्टि से, घनाक्षरी छंदों के ओजस्वी, तीव्र और गत्यात्मक प्रवाह में शत्रुओं को दी जाने वाली इन वैचारिक ललकारों को पिरोया गया है। कवि ने यहाँ स्वयं की किसी प्रशंसा से सर्वथा मुक्त रहकर, केवल देश के सामूहिक स्वाभिमान और सैन्य वीरता को शब्दों के माध्यम से मुखरित किया है। यह खंड पाठकों के भीतर विपरीत परिस्थितियों में भी राष्ट्रीय गौरव और मनोबल को बनाए रखने के लिए एक अत्यंत ऊर्जावान साहित्यिक माध्यम के रूप में सामने आता है, जो यह याद दिलाता है कि राष्ट्र की सुरक्षा से कोई समझौता नहीं हो सकता।

दुश्मन को ललकार

घनाक्षरी छन्द

1

हिन्द ध्वजाधारियों के धैर्य का जो टूटा बाँध
बच्चा-बच्चा वक्ष में तुम्हारे चढ़ जायेगा।
काट-काट कर शीश तुम-जैसे-वैरियों के,
रौंदता हुआ तुम्हे वो आगे बढ़ जायेगा।
अस्थियाँ तुम्हारी भेज देगा वो पाताल-लोक,
चर्म से तुम्हारे रणक्षेत्र मढ़ जायेगा।
गढ़ की तुम्हारे ईंट-ईंट वो उखाड़कर,
वीरता का नया इतिहास गढ़ जायेगा।

2

रच के कुचक्र मत करो न्यून निज-छवि,
बट्टा लग जायेगा तुम्हारी सुविधाओं में।
वैसे भी तुम्हारी अति मलिन हुई है साख,
गूँज रहा सत्य ये तुम्हारी वीथिकाओं में।
शोक-संताप से बिलख रहे अस्त-व्यस्त,
लोग सारे नगर-नगर गाँवों-गाँवों में।
अपयश का धरे किरीट निज-शीश पर,
जिसका बखान छाया है दसों-दिशाओं में।

3

दूसरे के कंधे से न अंधे हो चलाना तीर,
भारत के वीर तुम्हे छेंक-छेंक मारेंगे।
बिगड़ी हुई है चाल अब तो सुधर जाओ,
अन्यथा ये तत्काल तुम को सुधारेंगे।
अब न कुकृत्यों की करेंगे अनदेखी रंच,
तुमको न बालक समझ पुचकारेंगे।
पल में ही तुमको दिखायेंगे ये परलोक,
इसमें न सोचेंगे न तनिक विचारेंगे।

4

कैसे-कैसे कृत्य करते हो कायरों की भाँति,
काली-कुप्रवृत्तियों से बाज नहीं आते हो।
पलते हो टुकड़ों में लम्पटों किसी के और,
सतत पड़ोसियों से भीख माँग खाते हो।
चाटते चरण जहाँ-तहाँ जाके धृष्टता से,
श्वान के समान वहीं दुम को हिलाते हो।
भारत ने अनुज समान तुम्हे दिया प्रेम,
इसका ही सारा उपकार भूल जाते हो।

5

दूर से ही फूँक मार जड़ से उखाड़ देगी,
भारत की वाहिनी जो आके डट जायेगी।
रणभूमि-मध्य ऐसा खेलेगी विकट-खेल,
पल में तुम्हारी टोली ही निपट जायेगी।
घिरेंगी प्रलय की घटायें घनघोर और,
धरती तुम्हारे लोथड़ों से पट जायेगी।
छोड़ सारी-चोरियाँ-छिछोरिया सुधारो-कर्म,
अन्यथा विकट-अनहोनी घट जायेगी।

6

दिया होता ईंट का जवाब यदि पत्थर से,
ऐसी-यह-नौबत तनिक नहीं आती जी।
इतनी-सहिष्णुता कभी भी नहीं होती ठीक,
मुझको तो नीति ये तनिक नहीं भाती जी।
समय से डाल देते इनमें नकेल यदि,
शत्रुओं की टोली उत्पात न मचाती जी।
मिट गयी होती सभी व्याधियाँ तभी समूल,
इनकी जड़ें यहाँ कभी न गहराती जी।

7

ध्वस्त कर गया नीच विद्या का भवन-भव्य,
अधम-मलीन अपवित्र-भूमिभार था।
कला-गीत-अनुगीत ज्ञान में न रुचि-रंच,
क्रूरता कुटिलता का उदधि-अपार था।
लोभी व कुचाली दयाहीन धर्म से विहीन,
भारत में जिसने मचाया अत्याचार था।
शत्रु वो सनातन का पाप का स्वरूप खल,
अति-दुष्ट-दुर्बुद्धि नाम बख्तियार था।

8

फट जाये धरा चाहे रोकने को पथ आज,
अम्बर से चाहे घनघोर-आग बरसे।
चूड़ियाँ-पहन बैठ-जाने-वाले नहीं हम,
सिर पे कफन-बाँध निकले हैं घर से।
शत्रु की चुनौतियों का सामना करेंगे डट,
लौटकर वापस न जायेंगे समर से।
रख देंगे हिन्द की कसम यूँ मसलकर,
अरि को न छूटकर जाने देंगे कर से।

9

व्यर्थ में ही यदि ऐसे शत्रुता बढ़ाओगे तो,
रुण्डों से तुम्हारे रण-भूमि पाट देंगे हम।
भारती का लेकर आशीष-क्षेमकारी-अति,
शत्रुओं का दल पल में ही काट देंगे हम।
कश्मीर-कानन में करते हैं क्रीडा-क्रूर,
इन कंटकों को अब ऐसे छाँट देंगे हम।
कर देंगे खण्ड-खण्ड इनके कलेवरों को,
और भोज-हेतु गीदड़ों में बाँट देंगे हम।

10

अंग-प्रत्यंग कर देंगे शक्ति से विहीन,
कोई वक्र-चाल तुम्हें चलने न देंगे हम।
हम तो कुचल देंगे ऐसे-फणियों के फण,
तुम विषधारियों को पलने न देंगे हम।
फोड़ देंगे अस्थियाँ मरोड़ देंगे ग्रीवा-ग्रन्थि,
वैरियों की दाल कभी गलने न देंगे हम।
ऐसा तोड़ देंगे कि मरोगे घुट-घुट कर,
घर से भी तुमको निकलने न देंगे हम।

11

वीरों के हमारे हैं प्रचण्ड-भुजदण्ड-युग्म,
बिना-शमशीर के ही तुम्हें चीर देंगे हम।
अपनी घिनौनी-सोच के बनो अहेर मत,
लाँघने न सरहद की लकीर देंगे हम।
इसे पाने की तो कल्पना ही है तुम्हारी व्यर्थ,
तुम्हें देखने भी नहीं कश्मीर देंगे हम।
सद्य ही तुम्हारे दुस्साहसों का होगा अन्त,
परिणाम तुम्हें अति-गम्भीर देंगे हम।

12

कर देंगे टोलियाँ-तुम्हारी सभी छिन्न-भिन्न,
किसी के भी चीथड़ों को टाँक नहीं पाओगे।
भारत के वीरों में है कितनी अपार-शक्ति,
स्वप्न में भी यह तुम आँक नहीं पाओगे।
वैरियों! तुम्हारे जबड़ों को देंगे ऐसे तोड़,
देखना पंजीरी तक फाँक नहीं पाओगे।
सीमा पर भारत की देखना तो जाओ भूल,
घर के झरोखे से भी झाँक नहीं पाओगे।

13

अभी-तक तुमने कुदृष्टियाँ चलाईं अति,
अब कभी नहीं उत्पात कर पाओगे।
बोते रहे बीज सदा कटुता-कुटिलता के,
किसी से कभी न अब घात कर पाओगे।
ऐसा होने वाला है ये हाल हर-हाल पर,
कुछ भी किसी से नहीं बात कर पाओगे।
भूल जाओगे स्वजन माई-बाप सुता-सुत,
कहाँ के हो ये भी नहीं ज्ञात कर पाओगे।

14

वैसे हम बोलते नहीं हैं गीदड़ों से कुछ,
पर आँख-मूँद कभी बैठते नहीं हैं हम।
ईंट का जवाब देना जानते हैं पत्थरों से,
यूँ ही डींग-मार कभी ऐंठते नहीं हैं हम।
रहते सचेत सदा भारती के मान हेतु,
विश्वास-घातियों से भेंटते नहीं हैं हम।
छोड़ते नहीं है कभी तिल-भर निज-भूमि,
सीमा में किसी के कभी पैठते नहीं हैं हम।

15

टूक-टूक कर रुण्ड-मुण्ड तुम वैरियों के,
वीर रण में उछाल देंगे खेल-खेल में।
रचते हो घड़ी-घड़ी घोर-छल-छन्द नित,
करते हो बड़ी-गड़बड़ी ताल-मेल में।
कौन नहीं जानता तुम्हारी क्रूरता के कर्म,
करते कुठाराघात मित्रता की बेल में।
लाले पड़ जायेंगे निवाले के तुम्हें तो अब,
तुम बिक जाओगे नमक और तेल में।

16

भारत के वीर रच देंगे ऐसा चक्रव्यूह,
अपने को उससे निकाल नहीं पाओगे।
उठेगा बवंडर प्रलय का प्रचण्ड-घोर,
किसी को भी किञ्चित सँभाल नहीं पाओगे।
अस्थियों के अवशेष भी नहीं बचेंगे शेष,
खाल की तो छोड़ो तुम बाल नहीं पाओगे।
कीमा व कबाब का तो स्वाद भूल जाओगे ही,
देखने को रोटी और दाल नहीं पाओगे।

17

दया अभी-तक है दिखाई तुम पर खूब,
पर अब तरस-तनिक नहीं खायेंगे।
वैरियों पे करना यक़ीन होगी बड़ी-भूल,
झाँसे में तुम्हारे हम कभी-नहीं आयेंगे।
निज-हिय रख लेना तथ्य यह भलीभाँति,
जितना कहा है सब कर के दिखायेंगे।
गाड़ देंगे वैरियों की छाती में तिरंगा हम,
भारत की महिमा के गीत-प्रिय गायेंगे।

18

इतराते हो बताओ तुम किस-बात पर,
सब के समक्ष जो बची थी वो तो धो गई।
व्यर्थ ही बजाते गाल काल का कलेवा बन,
बाकी जो बची थी शान अब वो भी खो गयी।
प्रेम-बन्धुत्व व उदारता से हो विहीन,
करनी तुम्हारी ही तो तुमको डुबो गयी।
पग-पग करते हो छल व कपट-अति,
कितनी-पतित ये तुम्हारी-मति हो गयी।

19

भारत के वीरों की भुजाओं में जो गये पड़,
तुम को पुराने-पट जैसा फाड़ देंगे ये।
इनके समक्ष सुनों मारना कभी न डींग,
पल में सहज तुम को पछाड़ देंगे ये।
जैसे क्रीडा करता है लघु-पादपों से गज,
वैसे ही समूल तुमको उखाड देंगे ये।
ढीले पड़ जायेंगे तुम्हारी-अस्थियों के तंत्र,
केशरी की भाँति कभी जो दहाड़ देंगे ये।

20

देवलोक में भी यश जिनका है छाया हुआ,
वीरता की विश्व में प्रसिद्ध हैं कहानियाँ।
काट-काट शत्रुओं के शीश के लगाये ढेर,
याद उन्हें उनकी दिला दी यहाँ नानियाँ।
उनसे-जो-टकराया मिल गया मृत्तिका में,
शेष नहीं उनकी बची यहाँ निशानियाँ।
करने के पहले ये सोच लेना परिणाम,
व्यर्थ अपनी बढ़ा न लेना परेशानियाँ।

21

जिसने है तोड़े मंजु-मंदिर शिवाले-भव्य,
उन्हें कैसे भला निज-हिय से लगाऊँ मैं।
सन्त व सनातन का सतत किया विरोध,
बोलो उन्हें कैसे मित्र-अपना बनाऊँ मैं।
सुन्दर-सुकोमल-सुनन्दनों को चुनवाया,
गीदड़ों का ये कुकृत्य कैसे भूल जाऊँ मैं।
भस्म कर डाला ज्ञान-मन्दिर हमारा-भव्य,
कहाँ तक दुष्कर्म इनके गिनाऊँ मैं।

भारत महिमा

अनुभाग-7

धरती की व्यथा

(कुल छंद 3)

परिचय

सांस्कृतिक और दार्शनिक दृष्टि से भारतीय चिंतन में इस भूमि को केवल एक निर्जीव मिट्टी का पिंड नहीं, अपितु 'माता भूमिः पुत्रोऽहं पृथिव्याः' के भाव के साथ साक्षात माता माना गया है। यह सातवाँ अनुभाग संपूर्ण मानव जाति को आश्रय देने वाली इसी वसुंधरा की आंतरिक पीड़ा, उसकी करुणा और वैचारिक संकट पर एकाग्र है। कवि का दृष्टिकोण यहाँ संकीर्ण सीमाओं से ऊपर उठकर अत्यंत व्यापक और वैश्विक हो जाता है, जहाँ वे पूरी पृथ्वी को एक सूत्र में देखते हुए उसके दुःख को छंदों के माध्यम से स्वर देने का प्रयास करते हैं।

इस अनुभाग की मूल विषय-वस्तु विश्व भर में होने वाले विनाशकारी युद्धों और उनके कारण प्रकृति पर पड़ने वाले दुष्प्रभावों के इर्द-गिर्द बुनी गई है। धरती माता के लिए इस संसार के समस्त मनुष्य उसके अपने पुत्र के समान

हैं और वह बिना किसी भेदभाव के सभी का भरण-पोषण करती है। परंतु, जब वही मनुष्य आपस में वैमनस्य और स्वार्थ के वशीभूत होकर एक-दूसरे के रक्त के प्यासे हो जाते हैं, तब इस पृथ्वी के हृदय पर अत्यंत विकराल आघात पहुँचता है। कवि ने यहाँ बहुत ही मार्मिकता के साथ उस व्यथा को रेखांकित किया है, जो आधुनिक अस्त्र-शस्त्रों और युद्धों की विभीषिका के कारण धरती माता के सीने पर छिड़ती है।

घनाक्षरी छंदों के अत्यंत गंभीर और विचारोत्तेजक प्रवाह में इस शाश्वत सत्य को निबद्ध किया गया है। कवि ने यहाँ अपनी किसी व्यक्तिगत प्रशंसा से सर्वथा दूरी बनाए रखी है और स्वयं को केवल धरती माता की इस मौन पीड़ा का एक माध्यम या प्रवक्ता बनाया है। भाषा की गरिमा यहाँ विनाश के विरुद्ध और वैश्विक शांति के पक्ष में एक मर्मस्पर्शी पुकार बनकर उभरती है। यह अनुभाग पाठकों के भीतर न केवल राष्ट्र, बल्कि संपूर्ण पर्यावरण और मानवता के प्रति एक नया और उत्तरदायित्वपूर्ण दृष्टिकोण जागृत करने का एक अत्यंत अनूठा साहित्यिक प्रयास है

धरती की व्यथा

घनाक्षरी छन्द

1

रो रही है अवनी छुपाये निज-आनन को,
अब किस-भाँति हम-सब को बचाये वो।
उसके विशाल-वक्ष पर हो रहा है युद्ध,
हृदय की वेदना बताने कहाँ जाये वो।
अपने ही लाडलों के कृत्य से व्यथित अति,
विवश हुई है उन्हें कैसे समझाये वो।
देख-देख विकट-विनाश अपने-समक्ष,
रुक-जाये-रण यही मन से मनाये वो।

2

लेने पै उतर-आये एक-दूसरे-के-प्राण,
ऐसा बदला है रूप घनघोर-रण का।
भूल गये एक-दूसरे का हित व अहित,
किसी को नहीं है भय अपने मरण का।
चहुँ ओर छाया है विनाश ही विनाश अति,
कहीं-कहीं तिनका भी नहीं रहा तृण का।
जननी की अब तो न रही परवाह-रंच,
कैसे होगा उपचार धरती के व्रण का।

3

लड़ो-लड़ो और लड़ो मर-कट जाओ सब,
देश की कभी भी परवाह मत करना।
फूँक डालो गाँव-घर-नगर-शिवाले सब,
अच्छा करने की कभी चाह मत करना।
काली-करतूतों से करा लो मुँह काला तुम,
सही इस जीवन की राह मत करना।
कायरों की करनी को अपनाना दिन-रात,
इज्जत से कभी निर्वाह मत करना।

भारत महिमा

अनुभाग-8

हमारा संकल्प

(कुल छंद 17)

परिचय

किसी भी विचार अथवा काव्य ग्रंथ की वास्तविक सार्थकता तब सिद्ध होती है, जब वह केवल अतीत के गौरवगान या वर्तमान की समस्याओं तक सीमित न रहकर भविष्य के निर्माण का मार्ग प्रशस्त करे। 'हमारा संकल्प' नामक यह आठवां अनुभाग इस संपूर्ण पुस्तक का वैचारिक निष्कर्ष और एक श्रेष्ठ नागरिक संहिता है। कवि का मूल दृष्टिकोण यहाँ समाज को एक ऐसा सकारात्मक और व्यावहारिक संकल्प देना है, जिससे राष्ट्र का प्रत्येक व्यक्ति आंतरिक और बाह्य दोनों रूपों से सुदृढ़, नैतिक और संस्कारी बन सके। इसी वैचारिक धरातल पर इस अनुभाग की रचना की गई है।

इस खंड के अंतर्गत संकलित छंदों का फलक अत्यंत व्यापक है, जिसमें व्यक्तिगत आचरण से लेकर सामाजिक और राष्ट्रीय कर्तव्यों तक को

समाहित किया गया है। इसमें जहाँ एक ओर आपसी भेदभाव को भुलाकर परस्पर प्रेम, सद्भाव और राष्ट्रीय एकता के साथ मिलजुलकर रहने का आह्वान किया गया है; वहीं दूसरी ओर मर्यादा पुरुषोत्तम श्री राम के पावन चरित्र को जीवन में उतारने की बात कही गई है। इसके साथ ही, कवि ने यह अत्यंत स्पष्ट संदेश दिया है कि जहाँ भारत की संस्कृति प्रेम सिखाती है, वहीं राष्ट्र की सीमाओं या मातृभूमि पर किसी भी प्रकार के उत्पात अथवा शत्रुता को सहिष्णुता के नाम पर बर्दाश्त नहीं किया जाना चाहिए।

इस अनुभाग में जीवन की शुचिता के लिए व्यावहारिक नियमों जैसे— सदाचार का पालन, शुद्ध व सात्विक खान-पान, उत्तम वाणी का प्रयोग, पाखंड का दृढ़ता से खंडन, दुष्ट प्रवृत्तियों से दूरी तथा उच्च शिक्षा व विद्वत्ता प्राप्त करने जैसी नैतिक बातों का पुरजोर समर्थन किया गया है। इसके अतिरिक्त, सनातन संस्कारों और अपने देवी-देवताओं के प्रति निष्ठावान रहने के साथ-साथ प्राकृतिक संपदा और पर्यावरण के संरक्षण को भी नागरिक कर्तव्य के रूप में रेखांकित किया गया है।

घनाक्षरी छंदों के अनुशासित और प्रेरक प्रवाह में इन समस्त संकल्पों को पिरोया गया है। कवि ने स्वयं को यहाँ किसी उपदेशक के रूप में नहीं, बल्कि राष्ट्र के एक सजग नागरिक के रूप में प्रस्तुत किया है, जो समाज को अपनी जड़ों की ओर लौटने और राष्ट्र-निर्माण में योगदान देने के लिए प्रेरित कर रहा है। यह अनुभाग पुस्तक को एक अत्यंत सकारात्मक और रचनात्मक विराम की ओर ले जाता है।

हमारा संकल्प

घनाक्षरी छन्द

1

आओ मिलकर करें देश का विकास अति,
वाद न विवाद न फसाद कोई किया जाये।
मज़हब आपस में रखते नहीं हैं वैर,
फिर क्यों सुखशान्ति अपनी ये खोई जाये।
बहकावे में किसी के आना अब नहीं ठीक,
आपस में नफरत कभी-नहीं बोई जाये।
अपनी आजादी का मनायें जश्न आओ हम,
चलो देश-द्रोहियों की लुटिया डुबोई जाये।

2

राम के चरित का पवित्र गुणगान कर,
जीवन को अपने सफल बंधु करिये।
श्रवण-सतत निज-मन से मनन कर,
निज-हिय अमित-आनन्द-सिंधु भरिये।
दुःख-द्वंद्व-दारुण विनाशिनी विकट झट,
चित में विदित छवि राघव की धरिये।
कलि के कराल कष्ट काटिये कथा के बल,
सहज ये विधि भव-जल-निधि तरिये।

3

सुधियों की लेखनी करेगी राम-गुणगान,
पढ़-पढ़ बड़भागी आनन्द मनायेंगे।
अखिल-जगत जन-जन-कल्याण हेतु,
एक दूसरे को भक्ति भाव से सुनायेंगे।
जीकर सहर्ष शतवर्ष उत्कर्षयुक्त,
जीवन को अपने सफल वो बनायेंगे।
अर्थ-धर्म-काम-मोक्ष और दिव्यता-अनंत,
स्वयं ही राम-रागियों को अपनायेंगे।

4

भारत की सीमा में करे जो कोई उत्पात,
पहले विनम्रता से उसे टोक दीजिये।
फिर भी न उसको समझ आये यदि बात,
सिंह-जैसी-गर्जना से उसे रोक दीजिये।
इससे भी उसकी-उदण्डता न कम हो तो,
झटपट उसको वहीं पे ठोक दीजिये।
अरि की कुदृष्टि इस-पर भी न सुधरे तो,
जय-हिन्द कह के कृपाण भोंक दीजिये।

5

अभिलाषा मुक्ति की है गीता का मनन कर,
सकल-कलुषता शमन कर लीजिये।
चाहते हो तन-मन करना पुनीत यदि,
पुण्य-सलिला में आचमन कर लीजिये।
अमरत्व-हेतु बलिदानियों को करो याद,
और उनका अनुगमन कर लीजिये।
अपनी कुशल चाहते हो यदि सब-भाँति,
भारत की भूमि को नमन कर लीजिये।

6

देश-प्रेमियों के अभिनन्दन में पग-पग,
नित्य सद्भावों के सुमन बरसाता हूँ।
लिखता हूँ अमर-सपूतों के लिये मैं छंद,
श्रद्धा से उन्हें सदैव शीश मैं झुकाता हूँ।
तत्पर रहता हूँ देश-भक्ति-साधना में,
निशिदिन यही भाव सब में जगाता हूँ।
चन्दन-समान-रज भारत की माथे रख,
भारत की महिमा में लेखनी चलाता हूँ।

7

किसी जाति-वर्ग-समुदाय में बँटा नहीं मैं,
एकता-अखण्डता व प्रेम पक्षधारी हूँ।
सारे देश को मैं मानता हूँ अपना कुटुम्ब,
देश-प्रेमियों पै बार-बार बलिहारी हूँ।
पल में पछाड़ते हैं बैरियों के दल को जो,
उन वीर-सैनिकों का हिय से आभारी हूँ।
बलिदानियों का ऋणी भारत का दास हूँ मैं,
भारती का भक्त और हिन्द का पुजारी हूँ।

8

जाति-पाति ऊँच-नीच भेद-भाव का अभाव,
भारत का अपने विकास चाहता हूँ मैं।
शिक्षा के प्रसार की है इच्छा मम-मानस में,
जन-जन ज्ञान का प्रकाश चाहता हूँ मैं।
देश में अखण्डता व एकता का हो प्रभाव,
भारत का ऐसा इतिहास चाहता हूँ मैं।
चहुँ-ओर मोद व प्रमोद का हो परिवेश,
भारत में सदा मधुमास चाहता हूँ मैं।

9

देश के लिये न कर्तव्य को निभाया यदि,
ऐसे इस जीवन का और क्या करूँगा मैं?
देश के लिये मैं दान कर दूँगा निज शीश,
धर्म-रक्षा-हेतु रण में भी उतरूँगा मैं।
जड़ से उजाड़ दूँगा देश-द्रोहियों का वंश,
देश-हित-हेतु पग पीछे न धरूँगा मैं।
खाता हूँ शपथ भारती के चरणों की आज,
हर-हिय देश-भक्ति-भावना भरूँगा मैं।

10

जहाँ पे विरोध करना पड़े करूँगा खूब,
जहाँ पे तारीफ तो तारीफ भी करूँगा मैं।
सच कहनें में कभी पीछे न हटूँगा और,
लड़ना पड़े तो रण में भी उतरूँगा मैं।
बलिदानियों के यश का करूँगा नित गान,
उनकी समाधि-रज शीश में धरूँगा मैं।
भारत पे अपने कभी न आने दूँगा आँच,
हिन्द का तिरंगा हाथ लेके विचरूँगा मैं।

11

सदाचार संयम व शुचिता से रहो युक्त,
मनुज हो मनुज की भाँति सदा होईये,
अति-अनमोल परमेश्वर का वरदान,
जीवन को अपने न ऐसे आप खोईये।
उर की कलुषता हटा के जपो हरि-नाम,
भक्ति-प्रेम-सदभावना के बीज बोईये।
मुद-मोद-क्षेम-शुभ-लाभ चाहते हो यदि,
मानस को मानस की धारा में भिगोईये।

12

नीलकंठ-हंस-मोर चातक-चकोर और,
शुक-सारिका सुभग-सारस बखानिये।
नाग-धेनु-नंदी कपि-गज और वनराज,
मानव के हेतु वरदान इन्हें मानिये।
आँवला व आम तरु पीपल व बेल-वट,
महुआ-अशोक-नीम आदि पहचानिये।
पूजा-पाठ जप-तप-व्रत यज्ञ-दान-ध्यान,
आदि का महत्व बन्धुवर अब जानिये।

13

डमरू-कमण्डल-त्रिशूल घंटा-शंख-स्रग,
शालग्राम-शिला सदा निज-घर रखिये।
गीता-वेद पावन-पुराण और दिव्य-शास्त्र,
इनका अमिय-रस प्रतिदिन चखिये।
ब्रह्मा-विष्णु शिव-गौरी लक्ष्मी-गणाधिपति,
राम-कृष्ण के स्वरूप बार-बार लखिये।
एकादशी-त्रयोदशी पावन-प्रदोष-व्रत,
तन-मन-शुद्धि-हेतु इन्हें भी परखिये।

14

शुद्ध-उपवीत शुभ-तिलक शिखा-पुनीत,
तुलसी की माल रुद्राक्ष कंठ धारिये।
भोर स्नान कर भजिये गोपाल नित्य,
राम-शिव-नाम जप जीवन-सुधारिये।
कीजिये-भ्रमण प्रिय-पावन पवित्र-धाम,
समय-निकाल संत-संग में पधारिये।
धर्म-सत्कर्म से ये जीवन सफल कर,
दिव्यता से युक्त देवलोक को सिधारिये।

15

अल्ल-गल्ल छोड़ सदा शुद्ध ही करो ग्रहण,
तन और मन दोनों पावन बनाइये।
पढ़िये सदैव सत-संस्कृति के सु-पाठ,
अपने स्वभाव को सुहावन बनाइये।
बंजर न कीजिये कुमति व कुसंग-बस,
जीवन को हरा-भरा-सावन बनाइये।
रामजी का करिये भजन व चरित-गान,
अपना आदर्श मत रावन बनाइये।

16

खंड-खंड कीजिये पाखंड सबसे प्रथम,
भारत को अपने अखंड कर लीजिये।
जागिये जी भागिये न निज-कर्त्तव्य तज,
देश-भक्ति उर में प्रचंड भर लीजिये।
क्रूर-कालनेमियों से देश की सुरक्षा हेतु,
परशु-पिनाक-असि-दंड धर लीजिये।
लीजिये लपेट ललकार-ललकार कर,
वैरियों के वैर का घमंड हर लीजिये।

17

वाणी को बनाओ-मत बाण व कृपाण सम,
रसना रसीली-रखो सतत प्रविधि से।
राम-नाम रट-रट हुये हनुमान युक्त,
सर्व-सद-गुण अष्ट-सिद्धि नव-निधि से।
काम-क्रोध-लोभ के न होना कभी वशीभूत,
बाहर न जाना कभी धर्म की परिधि से।
मिलेंगे आशीष संत-सिद्ध-मुनियों के नित,
शुभ-वरदान हरि-हर और विधि से।

निष्ठानुकथन

"एकता, सदाचार, सात्विक जीवन और राष्ट्रीय सुरक्षा के इन पावन संकल्पों के साथ 'भारत महिमा' ग्रंथ की यह छंदोबद्ध यात्रा यहाँ पूर्णता को प्राप्त होती है। इन महान आदर्शों और संकल्पों को केवल पढ़ने के स्थान पर अपने अंतःकरण और आचरण में उतारना ही इस काव्य-साधना का वास्तविक प्रतिफल होगा।"

भारत महिमा

अनुभाग-9

चलते-चलते

(कुल छंद 13)

परिचय

किसी भी वृहद् और विचारप्रधान काव्य ग्रंथ के समापन पर एक ऐसे अनुभाग की महती आवश्यकता होती है, जो संपूर्ण पुस्तक के मूल संदेशों को एक ही धरातल पर समेट सके। 'चलते-चलते' नामक यह नौवां और अंतिम अनुभाग इसी महान उद्देश्य की पूर्ति करता है। जहाँ पहले के अनुभागों में अलग-अलग विषयों को विस्तार से छंदबद्ध किया गया था, वहीं इस खंड की विशेषता यह है कि यह पूरी काव्य-यात्रा का एक अत्यंत सुंदर और सारगर्भित समाहार प्रस्तुत करता है। कवि ने यहाँ एक ही प्रवाह में उन समस्त जीवन-मूल्यों को पुनः जाग्रत किया है जो इस ग्रंथ के प्राण हैं।

इस अनुभाग की विषय-वस्तु अत्यंत व्यापक और मिश्रित भावों से परिपूर्ण है। ग्रंथ के आरंभ की भाँति यहाँ भी वाणी की अधिष्ठात्री माँ शारदे की पावन वंदना की गई है, जो इस बात का प्रतीक है कि ज्ञान की साधना निरंतर चलने वाली प्रक्रिया है। इसके साथ ही, इस खंड में राष्ट्रप्रेमियों के प्रति गहरे सम्मान और देश की अखंडता को अक्षुण्ण रखने के संकल्प को दोहराया गया है। वहीं दूसरी ओर, समाज को सचेत करने के दृष्टिगत देशद्रोही प्रवृत्तियों का प्रतिवाद भी इसमें समाहित है। देश के आंतरिक परिवेश को सुंदर, सुगठित और मर्यादित बनाने के लिए सदाचार और नैतिक आचरण की आवश्यकता पर यहाँ विशेष बल दिया गया है।

शिल्प और भाव दोनों ही दृष्टियों से, घनाक्षरी छंदों का यह अंतिम प्रवाह अत्यंत प्रभावशाली बन पड़ा है। कवि ने बिना किसी आत्म-प्रशंसा या व्यक्तिगत पूर्वाग्रह के, पूरी तटस्थता के साथ समाज के सम्मुख एक ऐसा दर्पण रखा है जो कर्तव्यबोध कराता है। यह अनुभाग पाठकों को पूरी पुस्तक में वर्णित विचारों का एक समग्र और एकात्म बोध कराने में पूर्णतः सक्षम है। 'चलते-चलते' वास्तव में केवल एक विदाई खंड नहीं है, बल्कि यह पाठकों के मानस पटल पर 'भारत महिमा' के मूल संदेश को स्थायी रूप से स्थापित करने का एक अत्यंत परिपक्व और गरिमापूर्ण साहित्यिक प्रयास है।

चलते-चलते

घनाक्षरी छन्द

1

करो कमनीय-कंठ कविता-कला-कथन,
ऊँची-ऊँची उर में उमंगों को उभारती।
वरदायिनी विराजिए बजाती वीणा-मंजु,
झनक-झनक झन-झन-झनकारती।
प्रेममयी-परमेश्वरी पधारो प्रतिपल,
शारदे सदैव स्वर-सुमति सुधारती।
लेखनी की लालसा है लिखती रहे सदैव,
भावना में भारत की भक्ति भरो भारती।

5

छंद-क्षमता प्रदान करो मातु कृपा-कर,
दुख-द्वंद जीवन के घोर हरती रहो।
कुमति का कर दो विनाश देवि-दयामयि,
मति में सदैव शुद्ध-भाव भरती रहो।
भारत के प्रति रहे अम्बे दृढ़-अनुराग,
प्रगति का पथ भी प्रशस्त करती रहो।
चरणों में आपके झुकाते रहें शीश हम,
उर में हमारे आप ही विचरती रहो।

6

स्वार्थ-वश देशहित देखते नहीं है मूढ़,
देश-द्रोहियों से भी वो प्रीति कर लेते हैं।
फेंक देते हैं वो हीरा गहते हैं काँच और,
जाने-अनजाने में अनीति कर लेते हैं।
गिर जाते हैं वो नीचे परम-पतित बन,
जाने कैसी ओछी-राजनीति कर लेते हैं।
चलकर संस्कार सभ्यता के विपरीत,
देश के विरुद्ध नई-रीति कर लेते हैं।

7

देश के कलंक मारते हैं डंक बार-बार,
रहिए ना इनसे निशंक ठान-लीजिए।
देश को मिटाने में तुले हैं सारे दिन-रात,
आप निज-उर यह अनुमान-लीजिए।
करबद्ध आपसे ये विनती है बंधुवर,
आँख-मूँद कर यह बात मान-लीजिए।
किसी बहुरूपिए पे कीजिए भरोसा मत,
जब-तक उसे ठीक से ना जान-लीजिए।

8

भारत की धरती से जिनको नहीं है प्रेम,
अनुराग नहीं जिसे इसके तिरंगे से।
जो न समझे महत्व भारत की महिमा का,
जिसे नहीं है लगाव गीता-गाय-गंगे से।
देश के विकास में न जिसका हो योगदान,
मुक्त करो भारत को ऐसे भिखमंगे से।
खाकर इसी का जो लगाता है इसी में सेंध,
देश को बचाओ ऐसे लुच्चे व लफंगे से।

9

मत-चलो आँख पर पट्टी-बाँध बंधुवर,
भारत के हित-हेतु अब जाग-जाइए।
सबको लगाइए हृदय से स्व-बंधु-सम,
राग-द्वेष छल व कपट त्याग-जाइए।
देश में करो भ्रमण मिलकर एक-साथ,
काशी-चित्रकूट-मथुरा-प्रयाग जाइए।
रहना है रहो सद्भावना से संग-संग,
अन्यथा ये हिन्द छोड़कर भाग-जाइए।

10

देश का सुपरिवेश रखना सदा विशेष,
हो ना किसी को भी क्लेश यह ध्यान रखना।
बाल-वृद्ध नारी-नर बुद्धि-बल में प्रवर,
रहें हर घर-घर ये विधान रखना।
प्रगति हो अविराम कृपा करें सदा राम,
उर में हो प्रभु-नाम स्वाभिमान रखना।
सभी का हो सहयोग करो सदा सुप्रयोग,
समय का उपयोग भी प्रधान रखना।

11

हम-देशवासियों की शारदे सुनो विनय,
आपकी-शरण आये शीश को झुकाते हैं।
भाव राग-द्वेष का कभी ना रहे रंच उर,
कर-जोड़ भारती ये आपसे मनाते हैं।
एक-साथ-मिलकर प्रेम से करें व्यतीत,
जीवन के दिन लौट कर नहीं आते हैं।
प्रगति का पथ करो हम-सबका सुगम,
सिद्ध-करो-कामना ये आपको सुनाते हैं।

12

हरि का चरित्र छोड़ और ना लिखूँगा कुछ,
कभी-कभी ऐसा-भी-विचार उर आता है।
किंतु-फिर लगता-हूँ-लिखने प्रपंच-घोर,
दुनिया का दृश्य जब दृग में समाता है।
लेखनी का करना ही पड़ता है उपयोग,
जब-कभी कोई-देशद्रोही टकराता है।
उठता है अंदर से रक्त में महा-उबाल,
तब-मुझे अन्य-सब-कुछ भूल जाता है।

13

प्रथम-प्रहार हो पाखंड की परंपरा पे,
दूसरा हो दुष्ट-देश-द्रोहियों के दल में।
तीसरा जो तालमेल रखते नहीं किसी से,
जीवन व्यतीत करते हैं छल-बल में।
चौथा चापलूसी कर के जो लूटते हैं देश,
रुचि नहीं रखते हैं भारत-प्रबल में।
पाँचवा जो पाप में प्रवृत्त रहते हैं नित्य,
परहित छोड़ लगे रहते दखल में।

14

भारत के शत्रुओं तुम्हारी अब नहीं खैर,
तुमको तो रण में सपाट कर देंगे हम।
तुमसे निपट लेंगे हम हर-हाल पर,
जीवन-तुम्हारा बारा-बाट कर देंगे हम।
वैर ठानने में यदि रहे जो उतारू तुम,
तब तो तुम्हारी खड़ी खाट कर देंगे हम।
हद से जो बढ़ने का तुमने किया प्रयास,
सच मानो फटा-हुआ-टाट कर देंगे हम।

वैचारिक सेतु

"एकता, सदाचार, सात्विक जीवन और राष्ट्रीय सुरक्षा के इन पावन संकल्पों के साथ 'भारत महिमा' ग्रंथ की यह छंदोबद्ध यात्रा यहाँ पूर्णता को प्राप्त होती है। इन महान आदर्शों और संकल्पों को केवल पढ़ने के स्थान पर अपने अंतःकरण और आचरण में उतारना ही इस काव्य-साधना का वास्तविक प्रतिफल होगा।"

उपसंहार

'भारत महिमा' नामक इस छंदोबद्ध काव्य ग्रंथ की शब्द-यात्रा केवल छंदों का एक शास्त्रीय संकलन मात्र नहीं है, अपितु यह इस पावन धरा के प्रति अंतःकरण से उपजी एक वैचारिक और सांस्कृतिक वंदना है। किसी भी साहित्यिक कृति की वास्तविक पूर्णता तब तक संभव नहीं होती, जब तक कि उसकी रचना के पीछे निहित दार्शनिक अधिष्ठान को समग्रता में न समझा जाए। इस संपूर्ण ग्रंथ के सृजन के मूल में कवि का एकमात्र और मुख्य उद्देश्य यही रहा है कि समसामयिक समाज और आने वाली पीढ़ी अपनी सनातन सांस्कृतिक विरासत, महापुरुषों के शौर्य, राष्ट्र की वैज्ञानिक प्रगति तथा अपने नागरिक कर्तव्यों के प्रति पूर्णतः सजग और सचेत हो सके।

इस काव्य-यात्रा का प्रारंभ जहाँ 'मंगलाचरण' के माध्यम से आध्यात्मिक शुचिता और बौद्धिक निर्मलता की प्रार्थना के साथ हुआ, वहीं इसका विस्तार भारत के उस विराट स्वरूप तक गया जिसमें राम, कृष्ण, बुद्ध और महावीर जैसे अवतारों की चेतना स्पंदित है। इसके साथ ही, गार्गी, अपाला और लोपामुद्रा जैसी विदुषी नारियों का स्मरण कराकर समाज को अपनी ज्ञान-परंपरा की गहराई से जोड़ने का प्रयास किया गया। कवि ने वर्तमान बोध को जीवित रखते हुए अतीत के गौरव के साथ-साथ 'चंद्रयान' जैसी आधुनिक वैज्ञानिक मेधा और सीमाओं पर खड़े सामूहिक वीर शहीदों के शौर्य को समान आदर के साथ स्वर दिया है।

परंतु, एक सजग राष्ट्र-प्रहरी के रूप में यह लेखनी केवल प्रशंसात्मक विधा तक सीमित नहीं रही। पुस्तक के उत्तरार्द्ध में देश की आंतरिक सुरक्षा के लिए घातक देशद्रोही प्रवृत्तियों और सनातन व मानवता के विरोधियों के प्रति जो तीखी भर्त्सना की गई है, वह किसी व्यक्तिगत द्वेष का परिणाम नहीं, बल्कि राष्ट्र की अखंडता के प्रति एक गहरी चिंता का प्रकटीकरण है। 'धरती

की व्यथा' के माध्यम से वैश्विक युद्धों की विभीषिका पर किया गया दार्शनिक विचार और 'हमारा संकल्प' के अंतर्गत दिया गया व्यावहारिक जीवन-दर्शन पाठकों के सम्मुख एक स्पष्ट नागरिक आचरण संहिता प्रस्तुत करता है। अंतिम अनुभाग 'चलते-चलते' ने इन सभी विविध भावों को एक ही सूत्र में पिरोकर ग्रंथ को वैचारिक पूर्णता प्रदान की है।

घनाक्षरी छंद के वर्णिक अनुशासन में पिरोई गई यह कृति किसी भी प्रकार की अतिशयोक्ति अथवा आत्म-प्रशंसा से सर्वथा मुक्त है। कवि का दृढ़ विश्वास है कि जब तक कोई समाज अपनी सांस्कृतिक जड़ों से नहीं जुड़ता, सात्विक आचरण को नहीं अपनाता, पाखंड का खंडन नहीं करता और राष्ट्रहित को सर्वोपरि नहीं मानता, तब तक एक समर्थ राष्ट्र का निर्माण संभव नहीं है। यह उपसंहार इस पावन संकल्प के साथ पाठकों को सौंपता है कि इस पुस्तक का प्रत्येक छंद केवल पढ़ा न जाए, बल्कि इसमें समाहित राष्ट्रभक्ति और सदाचार के भाव को आचरण में उतारा जाए। भारत माता के चरणों में निवेदित यह लघु प्रयास तभी सार्थक सिद्ध होगा।

छंद सूची

छंद सूची

छंद सूची

छंद सूची

जय भारत

जय भारती

समाप्त

www.ingramcontent.com/pod-product-compliance
Lightning Source LLC
LaVergne TN
LVHW090328210926
848480LV00004B/1341
9798905841118